崖っぷち母子、
仕事と子育てに詰んで
経済ジャーナリスト
浦上早苗
中国へ飛ぶ
大和書房

はじめに

中国でゼロから自分をつくりなおす

2024年6月のとある平日、「WeChat《ウィーチャット》」に友達追加リクエストが届いた。WeChatはスマートフォンを持っているほぼすべての中国人が使っている、LINEのようなアプリだ。メッセージを確認すると中国語で、

「私はECビジネスをやっている張と言います。あなたとビジネスをしたい」

と書かれていた。その名前に心当たりはないものの、私は張さんの友達リクエストを承認し、次のメッセージを待った。

しばらくすると張さんはより詳細な自己紹介を送ってきた。

「私は山東省の青島から来た張××です。ECビジネスをやっていて、日本の楽天市場、アマゾン、Makuake《マクアケ》などで小型家電や雑貨を販売しています」

ふむふむ……と読んでいる間に、ぽんと次のメッセージ。

「今大阪に来ており、大阪の友達にあなたの連絡先を教えてもらいました。私と組んでビジネスをしましょう」

ここで私は最初の返信をした。

「はじめまして。大阪の友達ってどなたのことですか」

見知らぬ中国人からの、いきなり本題から入る連絡には慣れている私だが、一応身元は確かめておきたい。

彼はすぐに答えた。

「携帯ショップのスタッフです」

そ、それって誰ですか……。

ヨドバシカメラのカウンターで働いていたヨウコさんのことではないよね。「?」が頭をぐるぐるしている間に、張さんは次のメッセージを送ってきた。

「私は日本に来たばかりで、日本語がわかりません。この番号に電話してください」

いやいやいや、こちらはまだ携帯ショップのスタッフ誰なんだ問題と向き合ってるんです。

携帯ショップのスタッフ＝私の連絡先を断りなく他人に教え、それが日本の文化ではNGだと知らない人。つまり日本での生活経験が短く、日本社会と接点の少ない環境で生活している中国人に違いないと候補を絞りこみ、以前取材した東京の火鍋店のマーケティング担当者、麗麗《れいれい》さん（仮）ではとあたりをつけた。トーク履歴を遡って彼女のアカウントを見つけ、「お久しぶり。今何をしているの？」とメッセージを送ると、秒で返信が来た。

「久しぶりです。先月大阪に引っ越して、携帯電話の店で働いています」

1人目でいきなりビンゴ。誰もいない部屋で、左手にスマホを握ったまま、右こぶしを突き上げた、ってちょっとこれ何のクイズなの。

麗麗さんは中国に本社がある火鍋チェーンの社員で、2年前に日本店舗のテコ入れのために来日した。日本語は片言に毛が生えた程度だった。会ったのは1回きりだけど、その後も「日本人の送別会にはどんなプレゼントをあげたらいいですか」「日本語がうまくなりたいけれどどうしたらいいでしょう」といった相談をWeChatで受けていた。

ここ1年はやり取りをしていなかったが、その間に転職し、東京から大阪に転居したということか。

10年前は外国人が日本企業の正社員になるのはとても難しかったけど、最近は特に中国人は日本で就職しやすくなった。人手不足が進んでいるし、在日中国人や中国人旅行者が増えたことで、彼らを接客する求人がたくさん出ている。特にコロナ禍後は中国の景気が悪化し空前の就職難が続いているので、少し日本語が話せるならむしろ日本のほうが職探しは簡単かもしれない。

中国の火鍋チェーンの社員として来日した麗麗さんが、日本の携帯電話販売会社に転職したと聞いて、時代の変化を感じずにはいられなかった。

ザ・中国人のビジネスルール

さて、私から久々のメッセージを受けた麗麗さんはその意図をすぐに察し、「通信販売会社の経営をしている張さんに、浦上さんのことを紹介しました。遅くなってすみません」と説明してくれた。

推理が当たって気分が良くなっていた私は、「うん。張さんという人からメッセージが来て、『大阪の友達の紹介』というから、誰?と思ったのよ。麗麗さんだったのね」と応じた。すると麗麗さんは「張さんはさっき携帯電話の契約に来たクライアントです」とのメッセージを寄こしてきた。

な、なるほど。だいたい把握できたぜ。

張さんは日本に来て、携帯電話の契約をするために大阪の携帯ショップを訪れ、中国語で接客してくれた麗麗さんと「日本でビジネスをするためのパートナー知らない？」という話になった。麗麗さんは数少ない日本人の知り合いである私を思い出し、WeChatの連絡先を伝えた。クライアントの相談だから、全力で対応した。たぶんそんな流れだろう。

会ったばかりの人を「友達」と呼び、自分の頼みごとをする。そして紹介された見知らぬ日本人に気安く連絡して、ビジネスの話を持ちかけ、細かいことは電話で話そうぜ！と自身の電話番号を伝える。私にメッセージをくれた張さんのふるまいは、典型的な中国人のそれだ。

麗麗さんは日本企業に転職し、日本語も上達していたけど、その行動はやっぱり中国的だ。

私もそれくらいで不愉快になったりはしない。張さんには「今日はちょっと忙しいから、週明けに連絡して」とメッセージを送った（本当に忙しかったのだ）。張さんからは「わかった。突然連絡してごめんね」と返信があったが、その後連絡が来ることはなかった。

中国には「見知らぬ人」か「友達」しかいない

私は2009年から2016年、中国で暮らしていた。最初の5カ月は1人で、次の4年は息子のソウと2人で。最後の2年はまた1人になった。

いざ中国に移住して最初に面食らったのが、人との距離の近さだった。散歩中にベンチに座っていると目が合った人に話しかけられ、別れ際に電話番号を聞かれた。カフェで隣り合わせた男性や、バスで乗り合わせた若者に「日本人ですか?」と聞かれ、私が「そうだよ」と答えると、みんな嬉しそうに携帯電話を取り出す。

二、三言葉を交わせば「友達」と認識されるのも驚きだった。私は中国に渡ってから中国語を勉強し始めたが、入門編のテキストに「ぼったくられないための値引き交渉」のロールプレイングが出てきたのを見て、大変なところに来てしまったと震えた。ぼったくりおじさんは立ち去ろうとする客を「俺たち、友達だろう」と引き留め、ダウンジャケットを売りつけようとする。

友達の定義って、国によってこんなにも違うのか。日本には「見知らぬ人」と「友達」の間に、友達と言うほどでもない「知人」「知り合い」という関係が存在するが、中国人はこの中間の概念がすっぽり抜けているように見えた。

中国人の図々しさや距離の近さ、リセットの大胆さに気おされ、頭を抱えることは多々あったが、私たち母子にはそれがセーフティネットになった。子どものことで困りごとが発生すると、図々しくて、自己主張をためらわない中国人を見習い、遠慮することなく助けを求めるようになった。その中で人々の優しさや温かさにふれ、社会に出て以来十数年ぶりに肩の力を抜いて生きることができたように思う。

私は今、中国経済に詳しいジャーナリストとしてメディアに寄稿したり企業のコンサルティングをしている。35歳になるまで中国に大して関心がなかった私が「中国」でごはんを食べられているのは、ソウが一緒だったからだ。

ソウが現地の学校に通い、さまざまなかかわりをもたらしてくれたから、私は中国社会と濃密に付き合うことになった。大変な目に遭い、壁に当たることも多かったけれど、そのたびに距離が近めの中国人に助けてもらい、「中国ってこうだからね」と説教され、日本に住んだことがある中国人から「日本は●●だけど、中国では××」とサバイバル法を伝授され、根底にある社会の仕組みや価値観の違いを体当たりで学んだ。もし1人だったら、留学生や日本人とのかかわりが中心になり、中国で仕事を探すこともなかっただろう。

日本で積み上げてきたもののほとんどをリセットして、言葉や文化の違う国に行った私は、携帯電話の契約すら1人でできない真っ白な自分になった。お金もないし、社会人としての所属もない中で、ソウと2人で生きていくために、できるかどうかわからないことも「やってみる」と引き受け、自分をゼロからつくりなおしていった。社会や周囲に何も期待されず、求められない生活は本当に久しぶりで、苦しいときもあったが、息苦しさはなかった。


中国に行く前の私は、水槽で泳ぐ弱った金魚だった。

新卒で新聞社に入社して10年ちょっと、未婚でソウを産んで6年……。彼を育てあげるために起きている時間の多くを仕事に捧げていたが、それが正解かどうかわからなくなり、疲弊するのを感じながらも、自分の生きる場所はここしかないと思いこんでいた。

じわじわ水かさが減り、酸素が薄くなり、このままでは窒息死すると追い詰められた私は、会社、そして日本という水槽の外に飛び出す決断をした。

水槽の中にいるのが安全だと思っている人は、外に出たら死んじゃうよ、なんでわざわざそんなことをするの?と言う。昔の自分もそういう人だった。

だけど実際に出てみると、水槽の外はどこまでも広い海だった。塩水を飲みこむとしょっぱくてぺっとなるけど、外から水槽を眺めるうちに、ずいぶん狭い場所で足をばたばたさせていたんだなと気づいた。


中国は自由のない、監視国家に見えるかもしれない。だけど、「自由のない」はずの国で自在に生きる中国人たちと出会い、私は国には縛られていないけど、社会とかまわりとか、何よりも自分自身に縛られているよね、と思うようになった。

30代半ば、ソウを連れて決死の覚悟で飛び出したけど、「決死」だと思っている点でがんじがらめだったのだ。レールに戻れないことを、なぜあんなに恐れていたのだろう。昔の私に教えてあげたい。飛び出した先に、あなたの未来とキャリアは続いていくんだよ、と。

第2章

中国人だらけのインターナショナルスクールに驚く

第3章 異国の寮生活、最初の友達はアフリカ人

第4章 中国語クラスで世界の多様性にふれる

第5章 日本では犯罪、中国では商才――ソウ、ダブルスタンダードを習得する

第6章
自由のない国の自由すぎる人民たち

終章

日本脱出で得たもの、失ったもの

おわりに

序章

もう限界！ 未婚の母の日本脱出

私は「産んだだけ」の母ですか？

「安定したキャリアを捨てて、なんで中国に行こうと思ったんですか？」

中国で暮らしているときも、日本に戻ってきてからも、何度も聞かれてきた。「子連れ留学」はそれほどめずらしい言葉ではなくなったけど場所が中国、しかも小学生の息子と2人で留学生寮に暮らしていたと言うと、「なんで？」が最初に出てくるようだ。

中国に移住した理由は一つではないし、その場に合わせていろんな返答をしている気がする。結婚や離婚、転職と似たようなものだろう。

「中国語はいつから勉強していたのですか？」もよく聞かれる。34歳で中国に留学するまで、中国語はできなかった。「中国通」の人たちは、学生時代に国際関係や中国史を学んでいたとか、若い頃から中国と接点を持っていることが多いが、私はそうではなく、中国が好きだったわけでもない。

「じゃあなんで、中国に」と、冒頭の質問に戻ってしまう。

私は日本を出ざるをえなかった。出た先がたまたま中国だっただけだ。

会社を辞めるわけにはいかない

未婚でソウを出産したのは２００３年。21世紀には入っていたが、女性のキャリアが「総合職」「一般職」と分けられ、結婚や出産で退社するのがごく当たり前の時代だった。

勤務先の新聞社は絵に描いたような男社会で、40歳そこそこの上司が「女に経済力を持たせたらつけあがるから、妻には働かせない」と言い放っていた。

今だったら即アウトだが、私も周囲に合わせて笑って流していた。職場では出産後も働き続ける女性の先輩が出始めていたが、その場合、妻が夜勤や宿直のない部署に異動し、実家に助けてもらいながら家事育児の一切合切を引き受けるのが暗黙の了解だった。夫婦で子育てを分担することは想定されていないどころか、勤務地を離す人事がむしろ普通だった。

２０１７年にワンオペ育児という言葉が流行語になった。女性が育児家事を１人で担うことへの問題意識が共有されたから、この言葉が広がったわけで、それまでは女性がキャリアと結婚・子どものすべてを手に入れるのは贅沢という空気があったように思う。

私が妊娠したときも、相手から結婚はするから仕事を辞めるようにと言われた。相手のほうが経済力も社会的地位もあったからか、一方的な言い渡しだった。氷河期世代ど真ん中の私は、やっとの思いで手に入れた正社員の仕事にものすごく執着していて、1年前にうつ病で入院してやっと普通に働けるようになったタイミングでもあったから、今キャリアを手放したら二度と元のレールには戻れないと、会社を辞めるわけにはいかないと抵抗した。

「だったら自分の好きなようにすれば」

話し合いも、歩み寄りもなく、その一言で関係は断たれた。入社6年目、28歳だった。

「午前2時帰宅」という働き方

未婚で産んだ、と言うとこれまたあちこちから「大変だったね」と言われる。

大変は大変だったが、男性の先輩や上司から「そっか、お前も家族を食わせないといけないんだよね」と同じ目線で見てもらえるようになり、「いつ辞めるかわからない若い女性」というポジションから脱出できたのは、ある意味良かった。

もちろん、「俺たちと同じ」「仕事をがんばっている」と思ってもらうためには、会社の中心である男性と同じようにふるまう必要があった。育児休業を半年で切り上げ、ソウが1歳になる前に深夜勤務に復帰した。ソウのことは保育園と実家に任せて、私は午前2時とか3時に自宅に帰り、長椅子で数時間寝て、朝7時に実家にソウを迎えに行って保育園に送り届けた。世の中には「子どもの寝顔しか見られない」父親がたくさんいたが、私はソウの寝ている顔もほとんど見ることがなかった。

ソウが水疱瘡《みずぼうそう》になったときは実家に預けられず、かといって仕事も休めず、高校時代の同級生のお母さんを頼った。日曜日や夜にソウを見てもらえる場所がなく、会社に子連れで出社したことは一度や二度ではない。眠りこんだソウを抱っこして0時すぎの終電で帰ったこともある。

同僚のほとんどは寛容で、私が仕事で手を離せなくなると交代でソウの相手をしてくれた。でも一度、隣の部署の上司に「中途半端なことをやるな」と言われたことがある。脇にいたソウも一緒に怒られた。泣きそうになったソウを抱きかかえて、慌てて廊下に出た。泣いたら上司がもっと不機嫌になるのはわかっていたから。

妊娠したときは「本当に産むの？」と心配していた周囲も、ソウが4、5歳になる頃には「偉いね」「がんばっているね」と褒めてくれるようになった。一方で、私は生物学的には女性であり母親だったから、育児をアウトソーシングしたことで、「産んだだけで何もしていないね」と言われることもあった。

1人で夜中に飛び出したソウ、背筋が凍った夜

何を言われても、葛藤する時間さえもったいなかった。「経済力があるから、1人でも産む決断ができた」と思っていたし、ソウを出産して数年は、家族を養う経済力と会社の評価が自己肯定感の源泉になってくれた。

仕事以外にほとんど注意を向けていなかった。ソウを車で保育園に送っていく途中で前の車に接触したとき、謝罪もそこそこに「これから仕事なので、後で電話します」と名刺だけ渡してその場を去った。

私は仕事に全ベットしているのだから、他のことがおろそかになっても仕方ない。ソウが5歳になるかならないかの頃、そんな傲慢《ごうまん》な考えが瞬時に崩れ去るような事件が起きた。

普段ソウは実家で生活していたが、その頃は事情があって、父が私の家でソウを見てくれていた。私が夜10時ごろ帰宅すると、父は歩いて10分ほどの実家に帰って行った。

ある夜いつものように自宅に戻ると、玄関の前でスーツ姿の見知らぬ男性に抱かれ、泣いているソウが目に飛びこんできた。

男性はこわばった表情の私に軽く会釈し、ソウに、

「よかったね。お母さん帰って来たよ」

と話しかけた。同じマンションの住人だったその人は、ソウがマンション前の路上で泣いているのを見かけ、家を聞いて一緒に帰って来たんだと私に説明した。

父が見てくれていたはずなのに、なんでこの子は玄関前にいるの？

事態を半分も呑みこめてなかったが、私とソウがニュースで見かける「幼い子どもが夜に1人で外に出る」「運よく保護されて事なきを得た」という話の当事者になっていたことはわかった。その親切な人に何度も頭を下げ、ソウを家に入れて事情を聞いた。目を覚ますと父が見当たらなかったので、鍵を持たずに探しに外に出てオートロックで閉め出されたという。

翌朝になってようやく、いつの間にか実家に戻っていた父と連絡がついた。ソウを置い

て帰宅したことを一切覚えていなかった父は翌週、病院で検査を受けて、がんが見つかった。

それまで、仕事をしてお金を稼ぐのが自分の役割だと割り切って生きてきた。自分がシングルマザーだったからだけではない。

難関と言われるマスコミに入社できたのは、私にとって人生で数少ない成功体験だった。もっとも当時は「代わりなんて、いくらでもいる」「女は邪魔」というご時世で、長時間労働、パワハラ、セクハラの雨あられ。入社3年目のとき、ついにメンタルで1カ月入院してしまった（当時はメンタルという言葉もなかった）。ここで辞めなかったのは、「だから女は」と言われるのが嫌だったのと、氷河期で正社員の転職が難しかったからだ。

そうして私は、仕事で遭遇するあらゆる理不尽を乗り越えていくのが「安定したキャリア」というレールから外れないための唯一の選択肢だと思いこんだまま、年を重ねていった。

ソウを産んでからは、その価値観がさらに強化された。同僚や仕事相手の飲みの誘いは断らず、誘いがない日は夜遅くまで会社にいた。

だけど私が男性の同僚や上司並みに働けたのは、彼らが奥さんに仕事以外のことを丸投げしていたのと同様に、実家の親に子育てのほとんどをアウトソーシングしていたからであって、その助けが得られなくなったらその瞬間から立ち行かなくなる……。それまでもときどき、実家の親がソウを見られないことがあり、自分が立っているのはそんなに堅固な地盤ではないとはわかっていた。うっすらとした不安が、ソウ置き去り事件によって一気に緊迫度を増した。

怒濤《どとう》の転職活動――どうにかして日本を出よう

同じ頃、私は勤務する新聞社、いや、新聞業界の衰退というもう一つの危機にも直面していた。最初に意識したのはソウが生まれた直後だ。育児休業中の収入減に備え、複数購読していた新聞を解約したが、インターネット契約は切らなかった。新聞社勤務の自分がこんな選択をしているのだから、社会のデジタルシフトは不可避かもしれない、と初めて感じた。

それから数年後、リーマン・ショックで業績が落ちこんだことを理由に、勤務先で人員削減と組織再編が行われた。私が所属していた経済部はより大きな部署に統合され、宿直や土日の夜勤が組みこまれるようになった。

それまでは平日に子どもと接する時間が30分しかなくても、週末になんとか埋め合わせができていたが、それすらままならなくなった。日本はそれから10年ほどして働き方改革の機運が高まり、年休消化も義務になるのだが、当時はその芽すら見えず、「業績悪化が一過性のものではなく、人が減り続けたら、自分はやっていけなくなる」と追い詰められていった。

かといって、どこならやっていけるか皆目見当がつかない。東京なら何かあるかもしれないと、ソウを連れて週末に上京し、一時預かりの保育園に2時間預けてネットニュースの会社の面接を受けたりした。子育て支援が充実している自治体も、ずいぶん調べた。

転職活動がほとんど進まない中、シンガポールなどいくつかの国では女性がフルタイムで働き、家政婦を雇ったり外食したりするのが当たり前になっているという記事を読んで、いっそ海外に出たほうが道が開けるのではと考えた。海外に住んだことはなかったが、それくらい日本の企業勤めに限界を感じていた。

大企業で部長や役員に昇進する女性はぽつぽつ出始めていたけど、彼女たちの多くは子どもがいなかった。

ただでさえ、1人当たりの負担が増えていた職場で、もう少し家庭に比重を置きたいと言うと前線から外されるだろうし、だけど「産んだだけ」と言われるのも本当は傷ついているんだよね。

日本には居場所がない……。私は大学受験以来約15年ぶりに英語の勉強を再開し、スキルアップのために社会人大学院に入学した。そこで毎日、留学の奨学金情報を探すようになった。

どうにかして日本を出よう。その先のことは後で考えればいい。

まさかの中国へ

在学していた大学院に、中国・大連のMBA課程から1学期間の交換留学の募集が舞いこんだのは2009年5月だっただろうか。英語カリキュラムのコースを新設したが、学生が全員中国人なので、外国人を加えたかったらしい。TOEICのスコアが応募基準をぎりぎり超えていた私は募集情報が出たその日に手を挙げた。

子どもも仕事も一旦放り投げるという、わがままの極みのような決断だった。両親には「留学期間の5カ月で、なんとか次の道を探してくるから」とソウのことをお願いした。会社は休職を認めてくれたが、良く思わない人も当然いたから、絶対にただでは帰らないと強く強く誓った。

こうして私はその年の9月、単身で中国に飛んだ。SNSは普及していなかったし、中国語もほぼゼロ。お金のかからない海外との通信手段はSkype《スカイプ》しかなかったが、寮からはつながらずじまいだった。

夜と週末に行われるMBAの講義は英語だったが、中国人24人、ドイツ人5人、日本人1人のクラスだったので、授業以外の時間、中国人は中国語で話し、ドイツ人はドイツ語で話していた。最低限の中国語を身につけないと日常生活もままならないので、昼は大学の中国語クラスに参加し、死に物狂いで勉強した。

留学生活が折り返しを迎える頃、中国語クラスで隣の席だったベラルーシ人のオリヤのところに事務室の職員がやってきた。中国人の男性と結婚して2歳の子どもがいたオリヤは、同居していた義母とのコミュニケーションのために中国語の勉強をしていたわけだが、事務室職員との会話を横で聞いていると、奨学金に応募して修士課程に進学しようとしていることがわかった。

日本にいたときに奨学金情報はずいぶん調べたが、ほとんどが35歳以下とか20代という年齢制限を設けていた。同世代のオリヤが申しこめる奨学金なら、私も対象のはずだ。

「話を聞きたい」と会話に割りこんで教えてもらったのが、中国政府奨学金だった。

中国政府奨学金は学費だけでなく寮費も無料で、少ないながらも生活費も支給される。中国語の能力が十分ではない学生向けに1～2年間の語学学習も提供される。このとき参加していた入門中国語クラスにも、政府奨学金で大学院に進学し、語学研修期間中の留学生が数人いた。修士は35歳、博士は40歳まで応募できるという。

「専業主婦」がいない国

「住居と生活費を用意してもらえるなら、転職同等では」と、不埒《ふらち》な考えが頭に浮かんだ。中国で2カ月ちょっと暮らしてみて、「子連れでも何とかなるかも」という手ごたえも得つつあった。子育て支援が手厚い国というと北欧を中心とした欧州がよく挙げられるが、建国以来女性も労働者とみなし、「専業主婦」という概念がなかった中国では、女性が出産した後も働き続けるのが当たり前だった。

私は当初、子どもがいながら単身中国に来たことに後ろめたさを感じていたが、幼稚園児や小学生の子どもを夫や実家に託し、海外留学する何人かの中国人女性と知り合い大変勇気づけられた。生活のしやすさうんぬんより、「母親であってもやりたいことができて、家族がサポートしてくれる」社会に光を感じた。

中国で知り合った友人やその家族が、いとも簡単に仕事を抜け出したり休みを取ったりしているのを見て、「子どもを育てる上では楽かも」とも思った。中国人の友人に携帯電話の契約を手伝ってくれるよう頼んだら、彼女のお父さんもついてきた。お父さんは「自分のほうが詳しいから、仕事を抜けて来た」と平然と言い、用事が終わると食事に連れて行ってくれた。

ここならソウと一緒に過ごしながら、次のキャリアも探せる気がする。

5カ月の留学が終わって日本に戻った私は、必要な書類をそろえて博士課程の奨学金に応募した。しばらく経って、交換留学していた大学のすぐ近くにあった経済系の大学院から合格通知が届いた。

語学研修を含め留学期間は4年間に及ぶ。そのとき35歳だった私は「留学が終わる頃には40歳だぞ。大丈夫か？」「いい会社に勤めているのにもったいない」と心配されたり驚かれたり、理解できないという反応をされたりした。

未婚で出産すると決めたときも似たような反応だったなあ。でも、ソウを産んだことを後悔したことはないから、今回も後悔はしないだろう。

小学校に入ったばかりのソウに「どうする？」と聞いたら、「一緒に行く」と即答だった。本人はその先にある生活も、思っているよりずっと長い期間になることも想像できておらず、完全に旅行気分だった。新生活がどんなものかわかっていたら付いてこなかったかもしれない。

とても長くなったわりには、まだまだ語り尽くせていないけど、そんな経緯で私は2010年9月、今度はソウを連れて中国に移住した。

そうそう、「中国で子どもと2人で暮らすのは大変だったでしょう」というのも、しょっちゅう言われる。

たしかに、奨学金で学費と住居費は無料だったとはいえ、支給される生活費は日本円にして数万円程度だったし、学生時代に借りた育英会の奨学金の返済も残っていたし、住宅ローンも抱えていたので、経済的に大変だったのは間違いない。

だけど、「中国での子育ては大変だったでしょう」という文脈で聞かれたときには、「日本のほうがずっと大変だった」と答えている。

バスで乗り合わせたおばあちゃん、近所のおじちゃんおばちゃん、寮の留学生たち、数えきれないほど多くの人に私たち親子は支えられた。

お金はなかったけど、愛には事欠かなかった。理不尽なこと、大変なこともひっくるめて、何物にも代えがたい愛おしい日々だった。

第1章

「こんな生活いやだ」中国2日目で早くも心折れる

「アイヤー、歯がないね」

2010年9月初め、ソウと私は大連に向かった。単身、短期だった1年前と違って、子連れ、そして4年間の中国暮らしが始まる。

「中国に住む」と言うと、多くの人は上海や北京、深圳《しんせん》といった一級都市を思い浮かべるだろう。中国の東北部に位置する大連は上海のようなキラキラした都市ではないけれど、「日本企業の城下町」と呼ばれるほど日系企業が多く、中国一の親日都市だ。しかも私が住んでいた福岡からは飛行機で1時間半。東京に行くのと変わらない近さだった。

もちろん、近いといっても外国なので、言葉も文化も違うし、気安い友達もいない。私は戦地に赴く心境だったが、旅行気分のソウは機内で終始テンションが高かった。

白タクおじさん集団、登場

空港に降りて到着ロビーを歩いていると、白タクのおじさんたちがわらわらと集まり「タクシー?」「どこまで?」と日本語で声を掛けてくる。

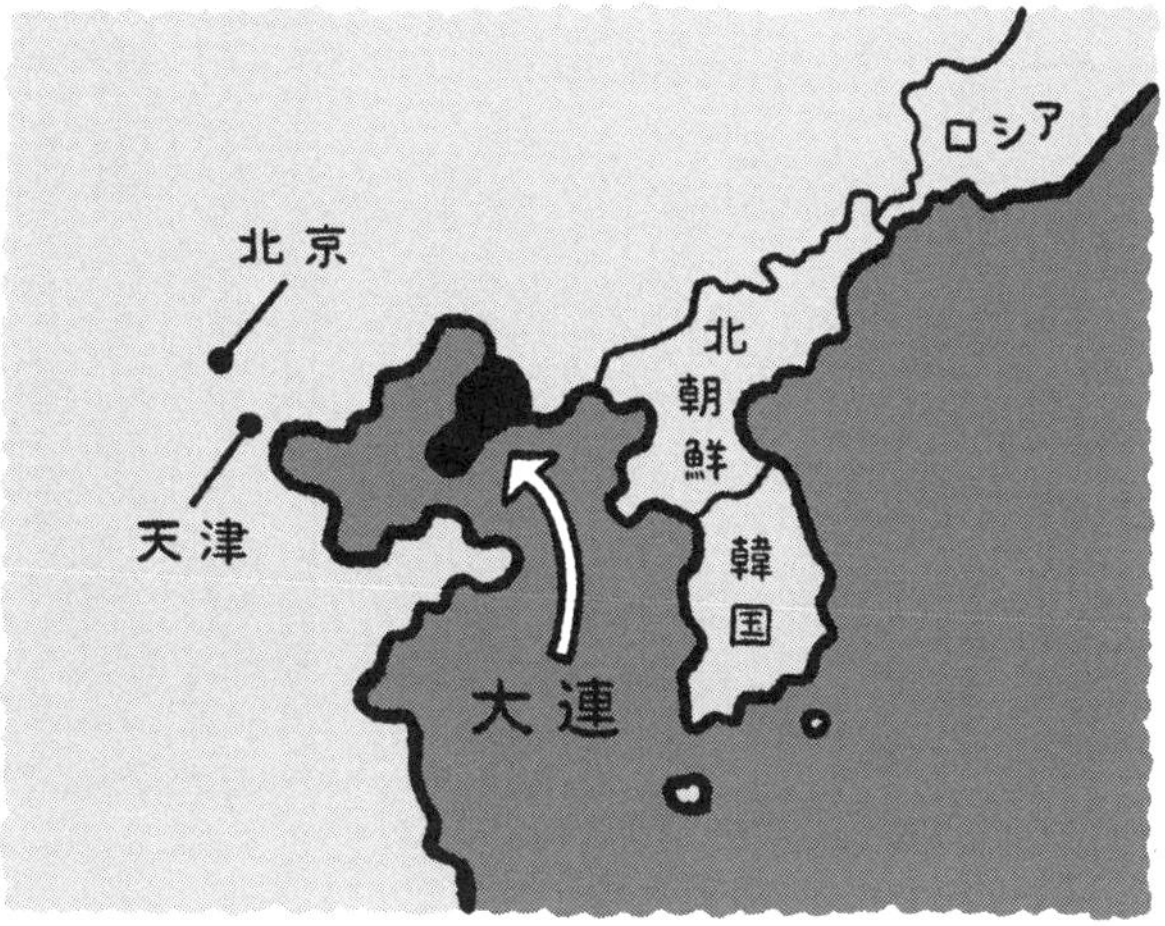

日本にも近い大連。実は中国一の親日都市である

彼らが提示する乗車代金は、日本人にとってはそう高くないが、実際には正規のタクシー料金の2〜3倍する。

前回の滞在で自力で移動できる程度の中国語と土地勘を身に着けていた私は、右手にスーツケース、左手でソウの手をつかみ、おじさんたちをかき分けて正規のタクシー乗り場に移動し、ちゃんとメーターがついているタクシーに乗った。

空港から大学まで20分ちょっと。少し開いた窓から、日本とはまったく違う、言葉では表現できない現地のにおいが流れこんでくる。私にとっては中国を想起する、ソウにとっては知らない場所に来たと認識させられるにおい。

切れ目なく現れる漢字だらけの看板を

ソウの初めての渡航。
このときはまだ旅行気分
だった

目で追っていたソウは、車の中で一言も発しなかった。

　大学が近づくと、運転手に「どこの門？」と聞かれた。「わからない」と言うと、彼は一番大きな正門の前で車を止め、無言のままトランクから荷物を出すのを手伝ってくれた。

　荷物を全部おろした私が「ありがとう、またね」と中国語で言うと、運転手も「またね」と返した。それを見ていたソウがにこっと笑って、「またね」と私の真似をした。それまで不愛想だった運転手は、「アイヤー、歯がないね」と表情をほころばせた。私たちに手を振って笑顔のまま運転席に戻り、クラクションを鳴らして去って行った。

　スーツケースを引きずって大学の留学生事務室に向かう間、ソウは「さっきのおじさん、俺の歯がないから笑ってたんでしょう」と聞いてきた。中国語はまったくわからないはずだが、日本でも同じようなことが何度もあり、察することができたのだろう。

　ソウは中国に行く直前、8月に7歳の誕生日を迎えた。乳歯が抜け始めたのはその数日後だ。わずか1、2週間の間に前歯4本が次々に抜け、笑うと口の中の空洞が目立つ。それを見た人も笑わずにはいられなかった。

中国に到着した翌日から、私たちは日本では起こり得ない、いくつものアクシデントに見舞われた。ぼったくられ、部屋に閉じこめられ、門限に遅れて閉め出され、2人で号泣したこともある。そんなストレスフルな異国生活の始まりの時期、ソウの口の中のすき間は、コミュニケーションの端緒になり、緊張の緩和のきっかけになった。ソウがお店や留学生寮で「バイバイ」「ありがとう」と言うたび、相手は「何歳？」「歯がないね」と話しかけてきた。りんごや桃をくれる人もいた。

ソウの中国生活の記憶は、タクシーの運転手の笑顔で始まっている。そして大人の歯が生えるのと同じくらいのスピードで、私たちは中国の生活に慣れていった。

いよいよ始まった、母子の寮生活

中国政府奨学金は、知る人ぞ知る手厚い奨学金だ。学費だけでなく、博士留学生には月2000元（当時は1元、約15円。途中で3500元に上がった）の生活費と寮の1人部屋が提供された。20代の学生なら贅沢をしなければ問題なく生活できる。

私とソウは追加の寮費を払って2人部屋に住むことになった。東横インのツインルームくらいの広さの部屋に、トイレとシャワーと洗面所が一体化したバスルームがついている。洗濯機は1階に数台、シンクと冷蔵庫、電子レンジは各階にあった。

同じ大学の中国人の学生寮は4人部屋、キッチンとシャワーはそもそも寮にないので、彼らは学食で3食をとり、氷点下10度の真冬でも外の公衆浴場に行っていた。公衆浴場は有料だし、大連の冬は寒いし乾燥しているしで、中国人学生の多くはシャワーを浴びるのも週に1、2回だった。

それに比べると留学生寮は充実していた。大学はパンフレットで「24時間お湯が出る」

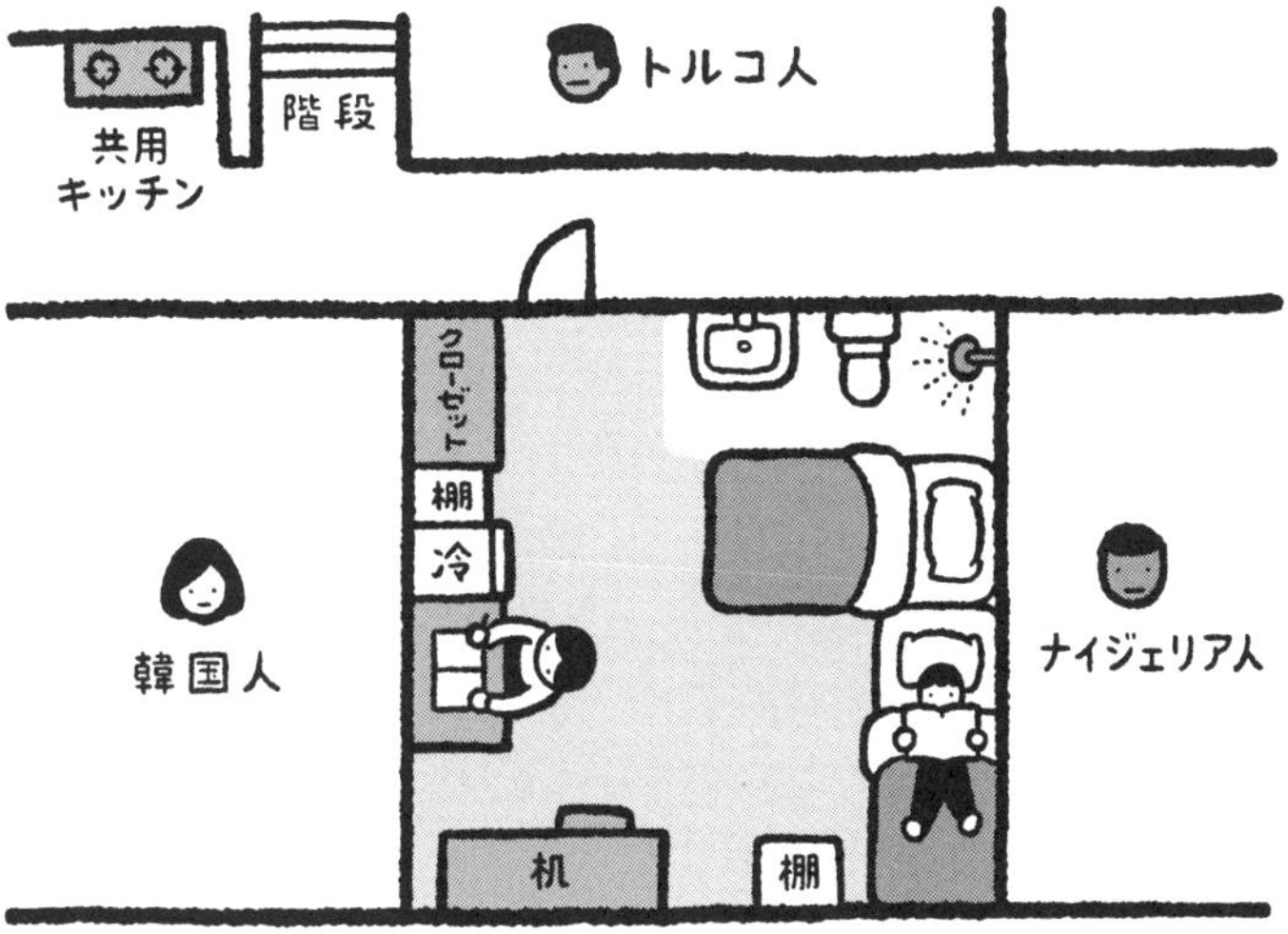

ざっくりとした学生寮の間取り

「シャワー・トイレ付きの部屋」とアピールしていた。

24時間お湯が出る寮というのは、十分に先進的だったのだ。

しかし中国では「贅沢」な設備であっても、平均的な日本人にとっては快適とは言えなかった。

トイレとシャワーの距離がものすごく近く、便器に体をくっつけてシャワーを浴びなければならない。仕切りなんてあるはずもなく、シャワーのたびにトイレ一帯は水浸しになる。給湯タンクは小さすぎて、シャワーを6、7分浴びているとお湯が切れて冷水が出てくる。シャワーの上に設置された給湯タンクのランプが赤く光ると、ソウは「お湯切れランプがついた」と大慌てで体を洗い流した。

最初の頃は2人一緒にシャワーを浴びた。5分そこらでソウと自分の頭と体を洗わないといけなかったので、せわしなかった。1カ月もすると、少しでも長い時間お湯にあたっていたいソウは、1人でシャワーを使い頭を洗うようになった。

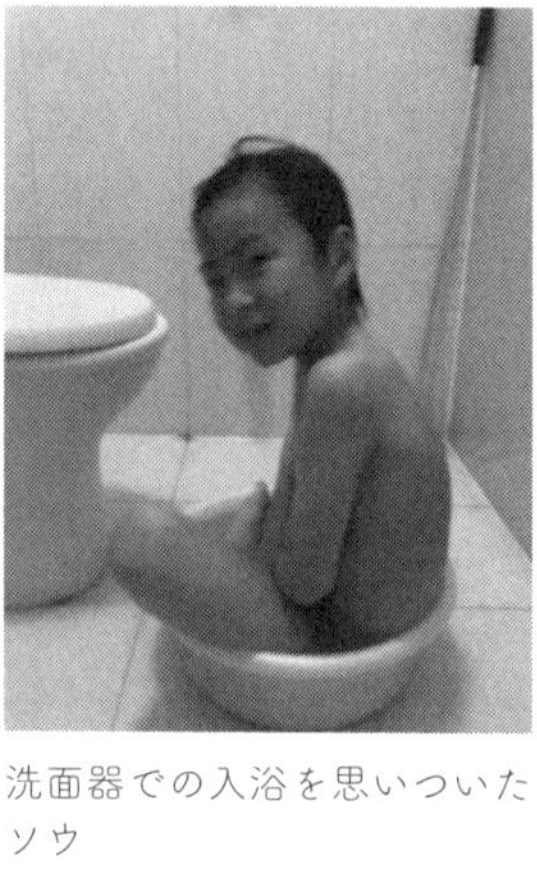
洗面器での入浴を思いついたソウ

生活水準が著しく下がったと感じたソウに、「うち、お金ないの?」と何度も聞かれた。当時はやっていたワコールのヒップアップ効果があるTバックショーツを穿《は》いていたら、「お金ないから、びりびりのパンツをはいてるの?」と心配された。ソウも数年は気苦労の日々だった。

中国2日目、ドリルでドアを壊される

ソウにとって中国生活の最初の〝洗礼〟は、入寮翌日に起きた閉じこめ事件だった。

入居した部屋は、外側から鍵を差して右に回して開けるのにものすごく力が必要だった。そして内側から鍵を開けるのはもっと大変だった。私が開けるのも数分かかるのだから、ソウにはとても手に負えない。入寮した日に寮母さんに修理を依頼し、夜は施錠せずに寝た。

翌日、外出先から寮に戻ると、寮母さんに「直ったよ」と声をかけられた。寮母さんと一緒に2階に上がり、私とソウだけ部屋に入って内側から鍵をかけたが最後、内側からも外側からも開かなくなってしまった。「直った」と言ったのは何だったんだ。

寮母さんは1階から守衛の男性2人を呼んできて、（私からは見えないが）『大きなかぶ』のように力を合わせてあれこれ試したようだがびくともしない。寮母さんは今度は電話で、日本語が少しだけわかる学校の職員を呼び出した。

やってきた職員は建物の外から、私の部屋に向かって日本語で「大丈夫ですかー」と叫んだ。何度も叫んだ。私たちの不安を和らげる目的なのか？　こちらも「大丈夫です」と叫び返すしかない。「大丈夫ですか」「大丈夫です」の交信に疲れてきた頃今度は電気ドリルを持ったおじさんがやってきた。

おじさんはドリルで思い切りよくドアを破壊し、私たちを救出してくれた。もちろんその場で部屋のチェンジが決定した。

合鍵をつくってくれる職人を興味津々で眺めるソウ

ドアが開かなくなって、救出されるまで15分ほど。ドリルおじさんはためらうことなくドアを壊して突入してきた。その後の中国生活でも、電気ドリルで鍵やドアを破壊してもらうことが何度かあった。シャワーを浴びていたら、ヘッド部分やノズルが突然裂け大放水に打たれたこともあるし、座った途端に便座が裂けたこともある。日本で耐久品に属するこれらのものは、中国では1年そこそこでだめになる消耗品であり、シャワーヘッドはスーパーで洗剤やトイレットペーパーと同じ感じで売られていた。

私たちは留学生寮に住んでいるから、部屋に閉じこめられても比較的迅速かつ無料で救出してもらえたわけで、外のアパートやマンションに住んでいたら、もっと大変だったはずだ。

2度目の中国生活で、多少の粗さ、雑さには耐性ができていた私と違い、旅行気分でやってきたソウにとっては、かなりの恐怖体験だった。

中国3日目、母子で大号泣する

寮生活開始3日目、ソウがテレビのリモコンをいじっていると、画面が映らなくなった。細かなトラブルのたびに寮母さんを訪ね、片言の中国語でやりとりすることに疲れていた私は、「また余計な仕事が増えた」とリモコンを握りしめてため息をついた。

その瞬間、ソウが大声で泣きだした。私の小さなため息に緊張の糸が切れ、抑えていた感情が爆発したのだろう。

ソウは大粒の涙をこぼしながら、「部屋は狭いし、鍵はかからないし、テレビは壊れてる。こんなところいやだ！」とぶちまけた。

不自由な暮らし、通じない言葉、そして生活水準の低下……。しかもその生活はまだ始まったばかりで、冬休みまでは日本に帰れない。

私も涙が止まらなくなり、2人で抱き合って泣いた。ソウだって耐えていたのだ。無力な親でごめんね、心の中で何度も謝った。

2人の涙が止まり、また寮母さんに部屋に来てもらいリモコンを直してもらった。テレビは再び映るようになった。

ソウはさっそくアニメ番組にチャンネルを合わせた。何を言っているかわからなくても、彼にとって重要な娯楽だった。

夜、ごはんを食べながら、少し元気になったソウに「部屋は狭いけど、ソウ専用の机とベッドもあるよ。ここを飾りつけしようか」と言った。ソウは口に食べ物を入れたままうなずいた。

「ママは仕事辞めたから、あまり贅沢はできないけど、これからは一緒にいられるよ」と話しかけると「そうだね、前は土曜と日曜しか会えなかったし、晩ごはんなんて一緒に食べられなかったもんね」と返ってきた。

ソウが元気を取り戻したので調子に乗って「さびしかった?」と聞いたら、「別に、平気だったよ」とあっさりと否定された。そういうもんだよなー。最初からいないのが当たり前だったわけだしな、がんばれ私とつぶやいた。

門限破りで閉め出され、ロシア人に救出される

中国で暮らし始めた頃、ソウは友達がおらず、学校がない日は暇を持て余していた。私たちは毎週バスを乗り継いで1時間かけてイケアに行って、「子ども部屋」や「リビング」のコーナーで「ここがソウの部屋ね」とごっこ遊びをし、1元のソフトクリームを食べて時間を潰した。

たまに近くの温浴施設にも行った。正確にはマッサージ屋なのだが、簡単な日本語を話せるスタッフと、大人が2〜3人入れる浴槽を設置しているのがウリで、客のほとんどが日本人だった。送迎もあるので電話で迎えに来てもらい、ソウはお風呂に入った後、置いてある日本語の本を読んだり果物を食べたりするのが楽しみだった。

ある日、マッサージが終わって帰ろうとスタッフに送迎を頼むと、「今バスが出たばかりだから、ちょっと待って」と言われた。時計を見たら午後9時すぎ。寮の門限は10時で結構ぎりぎりの時間だ。焦りながらバスを待ち、寮に着いたときには10時半近かった。

門限を破ったら何が起こるか、私たちはそのときに初めて知った。寮だけでなく、大学のすべての門の鍵が閉まっていたのだ。自分の身長よりだいぶ高い2メートルの鉄の柵を2人でどうにかしてよじ登り、敷地内に入った。まさかこの年になって、こんな泥棒みたいな真似をするとは。寮の前にたどり着くと、こちらも鍵がかかっていた。

いい大人になってまさか門をよじ登るとは

守衛さんがいつもいる玄関付近の小さな部屋も電気が消えている。ドアをがんがんがんと叩き、大声で「すみませーん」「開けてください」と叫んだが、何の反応もない。門限に間に合わなかったのはこちらが悪いにしても、寝るの早すぎじゃない⁉ 嘘でしょ？と焦りに焦った。スマホとかグーグルマップなんて普及していない時代。財布には日本円にして3000円くらいしか入っていない。

その頃には寮で数人の顔見知りができていたのに、誰の電話番号も知らなかった。最悪、寮の前で野宿かなあ……。

遭難船で助けを待つ人のように、私たちは声を枯らし、両手を振って誰かが気づくのを願った。15分ほど経っただろうか。2階のカーテンが偶然開いた。知らない女性だったが下で手を振る親子の姿にただならぬ雰囲気を感じたのだろう。すぐに1階まで下りてきて、ドアを開けようとした……が、ドアは南京錠で内側から鍵をかけられ、彼女も開けられなかった。

女性は内側から何かジェスチャーをして、いなくなった。しばらくすると守衛を連れてきてくれた。なんと、守衛の寝ている部屋を知っており、ドアを叩いて起こしてくれたのだ。私たちは午後11時近くにどうにか中に入ることができ、野宿を免れたのだった。彼女はロシアから来た留学生で、ソウに「おやすみ」と言い自室に戻って行った。

大人になったソウに中国の思い出を聞いたら、「ものすごく怖かったこと」として、このことを真っ先に挙げたが、実は私はすっかり忘れていた。暖かい時期だったし、施錠された大学の敷地内という安全な場所だったので、部屋に入れなかったら寮の玄関前でソウを抱いて寝ようと算段していた。覚悟していたよりはずっと短い時間で救出されたし。

でも7歳のソウにとってはよく知らない場所で、母親がついていながら夜に家に入れないってのは、トラウマものの体験だった。

ロシア人が気づいてくれたおかげで、笑い話ですんでいる。感謝してもしきれない。

「中国語がわからない」より困ったこと

ソウを連れて中国に移住する1年前。単身で5カ月MBA留学したと先にも記したが、これが私の初めての海外暮らしだった。

中国語はまったくわからなかったけど、漢字の国なので筆談で何とかなるだろう、MBAの授業は英語だし、そっちの人たちとは意思疎通できるだろうと思っていたが、言葉よりも常識の違いのほうがはるかに手強かった。

中国に着いて最初の数日、大学が運営するホテルに滞在することになった。ホテルといっても、シャワーの排水口はすぐ詰まるし、客室には硬いベッドと机、テレビしかない、簡素な宿泊施設だった。ある日、学校から部屋に戻ると人の気配がして、身構えているとシャワー室から全裸の中年女性が出てきた。部屋の清掃に入ったついでに、シャワーを浴びていたようだ。目が合った女性は何か話しかけてきたが、私は驚きのあまり棒立ちになって首を縦に振るしかなかった。

新学期の授業が始まる前日の朝8時、部屋の電話が鳴った。受話器を上げると、男性が英語で「ＭＢＡクラスで国際交流を担当している教授です。今建物の下にいるので、一緒に散歩に行こう」と誘ってきた。まだ布団にいた私は理由をつけて断ったが、それまでメールのやり取りすらしたことのない教授の奇襲に、「なぜ事前に連絡してくれなかったのか」と悶々とした。新学期前日なのに時間割も、いつどの教室に行けばいいかも案内されておらず、不安でいっぱいだった私は、学校の教職員に聞きたいことが山ほどあったのだが、だからと言ってノーアポで朝やってくるのは何なの？

中国人は人との距離感がオカシイ？

平均的な日本人から見れば、彼らの距離感はバグっている。

初対面で一言二言話したら、電話番号を聞かれる。中国生活の最初の数カ月間で１００人近い人と連絡先を交換したが、ほとんどはそれっきりだった。

そしてこちらが完全に忘れた頃に着信があり、

「子どもが日本に留学したいので、エージェントを教えてくれ」

「ザンビアで鉱山を買収したが、貿易もやりたいので日本の部品メーカーを紹介してくれ」

と、突然頼みごとが始まるのだ。

訪日中国人旅行者の「爆買い」が流行語になった2015年、2016年頃は、「次帰国するのはいつだ」「日本旅行で買ったひげそりが故障したので、修理に出してほしい」「ファンケルのサプリメントを欲しいんだけど」「『ほぼ日手帳』ってどこで手に入るのか」といった電話がひっきりなしにかかってきて、しまいには「お前が買い付けやって、俺がECで売るというのはどうか？」というビジネスのお誘いまで受けるようになった。

道に迷ったら――自力で調べる日本人、その辺の人に聞く中国人

日本人と中国人の違いは、行ったことのない場所に向かうときに顕著に現れる。多くの日本人はまず自分で道を調べる。今ならグーグルマップという便利なものがあるし、どうしてもわからないときは、警察や訪問先の人といった「しかるべき人」に聞く。

中国人は調べるより先に、その辺の人を捕まえて聞く。聞かれた側は知っていれば教えるし、知らなくても「たぶんあっち」と自分の推理を伝える。間違っていることもよくあって、なんで「わからない」と素直に言わないのか不思議でたまらないのだが、ChatGPTに質問を打ちこむくらいの気軽さで知らない人にものを聞き、聞かれた側も堂々とでたらめを答える。

私はどちらかといえば人に干渉されない生活のほうが好きだけど、最初の中国生活で「子どもを連れて行っても何とかなりそうだ」と感じたのは、段取りという概念が薄く、初対面でも頼みごとができてしまう中国社会のなれなれしさゆえだったかもしれない。さすがにあのなれなれしさは真似できないが、「こちらも甘えていいんだ」と切り替えた後は一気に生活が楽になった。

ソウを連れてもう一度中国に行くことになったとき、ソウが通える学校を探してくれたのは、一度だけ食事をした中国人男性の奥さんだった。その学校の入学手続きを私の代わりにやってくれたのは、道端で「日本語を教えてほしい」と声をかけてきて、以降ときどきお茶を飲むようになった20代の男性だった。

日本に行ったり日本人と接したりした経験のある中国人には、「日本人はまじめだけど冷淡だよね」と何度か言われた。そりゃ、初対面で電話番号を聞いて「友達」になる国からすれば同じクラス、同じ部署、ご近所さんになっても、わりと長い間様子見が続く日本の社会は、冷たく映るだろう。空気を読むことが求められる日本のほうが、新参者にとっては難易度が高い国なのかもしれない。

崖っぷち母子、遊園地でぼったくられる

アジア、いや、それ以外の国も含め、海外旅行と切り離せないのが、ぼったくり。値段が明確に表示され、日常生活で値引き交渉の習慣もない日本では、相場の価格より高い値段をふっかけられれば即「ぼったくり」認定だが、中国はもう少し複雑な気がする。

なにせ中国語の入門クラスで、値引きの会話練習があった。留学生が露店でダウンジャケットの値段を聞いたら、店主が「500元」と答える。留学生は「高すぎる、100元でどうだ」と交渉し、店主が「そんな値段だとうちは大赤字だよ」と応戦する。留学生は「なら、他の店で買うよ」と帰りかけ、店主が「待って、友達だろう。250元でどうだ」と取引が成立する。留学生でペアを組んで、1組ずつロールプレイングをさせられた。

飲食店やスーパー、デパートで値切ることはあまりないが、中国のお店には値段が表示されていない商品が多くあり、中国人の友人たちも「高い」と思ったら、「安くならない？」と聞いていた。観光地に旅行すると、乗り物もお土産屋も「いらない」と答えたら、

必ず値段が下がった。こちらは本当にいらないのだが、中国の商人にとって、「いらない」は取引のスタートのようだ。だから少し言葉を覚えたら旅行に出かけがちな留学生は、できるだけ早い時期に値引き交渉を学ぶ必要があると、中国語テキストの編集者は考えているのだろう。

高値をふっかけるのは日本人から見ればぼったくりでも、中国人から見れば買い物に刺激を加えるゲームのようなやりとりなのかもしれない。ただし例外もあるし、子どもにすら容赦のないひどい人もいる。

子どもにも容赦しない射的おじさん

ソウと中国で暮らし始めて1カ月経った頃、日曜日に2人で海辺の公園に行った。公園といってもかなり大きく、海水浴場、水族館、そして遊園地を備えていた。

遊園地のアトラクションは1回10元。毎月支給される2000元で生活をやりくりしないといけなかった私は「好きなだけ遊びなさい」とは言えず、ソウに2つの乗り物を選ばせた。それでもソウは大喜びしてくれて、メリーゴーランドと手漕ぎボートに乗った。

日本と違って、どちらも時間制限はなかった。メリーゴーランドのそばに立っていたおじさんに10元払うと、ソウを抱っこして回っている馬にまたがらせてくれた。降りるときも同じ感じで、合図すれば抱っこして降ろしてくれる。そんなに長く乗っていられるものではないのだが、20元で思ったより時間をつぶせ、私もソウも大満足だった。

その後、ぶらぶら歩いていると、射的コーナーのおじさんが手招きをしてきた。呼ばれるまま近づいたソウに、おじさんは銃を持たせた。

慌てて「いくら？」と聞いたら、「10元」と返ってきた。10元なら許容範囲かなと見ていたら、ソウが引き金を引いた瞬間、「ババババババ」と散弾銃のように弾が出てきた。狙いを定めて一発ずつ撃つ日本の射的とは全然違う。びっくりしている間におじさんはどんどん弾を詰めて、ソウの手を押さえて引き金を引かせる。「ババババババ」と10～20秒続いたところで、嫌な予感がして「ストップ、ストップ」とソウを止めた。

ちょっと気持ちの悪いメリーゴーランドに乗った。初めて行った遊園地で。

「もうやめよう」とソウに銃を置かせて、財布から10元を取りだしたら、おじさんは「60元」と言ってくるのだ。

おじさんは「10発10元で、60発撃ったから60元」と涼しい顔で請求し、私は「値段聞いたとき10元としか言わなかったよね。勝手に続けたよね」と反論する。

日本でもこれほどの勢いで怒ったことはない、ってくらい大きな声で抗議したが、自分の中国語ではそれ以上語彙が出てこず、「だめだめ」「あなたは10元と言った」と繰り返すしかなかった。ソウはただならぬ事態であると察して隣で怯えている。10元叩きつけて去りたかったが、もめてもっと良くないことになるかもしれない。私は諦めて50元札を銃の横にバンッと置いた。おじさんはそれを受け取って何も言わなかったので、やましさはあったのだろう。

私の「日本人なめんなよ」体験

ソウの手を引いて速足でその場を離れ、何が起きたかをソウに説明した。7歳の子どもがどこまで理解できたのかはわからないが、それからしばらくの間、ソウは公園の近くを通ると「お腹が痛い」としゃがみこむようになった。家からバスで10分もかからず、大連有数の観光地であるその公園は、私たち親子にとって危険な場所になった。

50元という金額は日本円にすると750円程度だが、当時の私にとっては外食1〜2回分に相当した。おじさんだけでなく、システムをしっかり確認しなかった自分自身にも腹が立った。

中国人は総じて子どもに優しい。満員の路線バスに乗ったら、知らないおばあちゃんがソウを手招きして、自分が座っていた1人席のお尻半分のスペースを空けてくれたりする。私が中国を好きだと思えるのは、社会全体から子育てのサポートを受け、何度となく助けられたからだ。射的でソウと私が受けたひどい仕打ちは例外中の例外ではあったが、母子で中国に移住して間もない頃の体験だったので、「今後こういう目に遭いたくない」と強烈に思わされた。

以降、知らないお店や土地で買い物、乗車、飲食をするときにはだいぶ用心深くなった。観光客と見るや親切な顔でふっかけてくる人はどこにでもいた。彼らにも生活があるのだろうが、こちらもカモられて「仕方ないね」と言えるような経済的なゆとりはない。戦うべきときには戦いたい、「日本人なめんなよ」という強い闘志が、私の中国語学習の大きなモチベーションになった。

ソウの心を支えた宮崎駿アニメ

中国で暮らした2009〜2016年の間に、ネット環境は一変した。最初の数年、私が住んでいた留学生寮ではお金を払って接続時間を購入し、有線LANでインターネットに接続していた。時間を使い切ると事務室に行ってお金を払う、その繰り返しだ。携帯電話のネットも従量課金制で、「パケ死」という言葉がよく使われていた。動画サイトは少しずつ普及し始めていたが、気軽には視聴できないし、コンテンツは少なかった。

日本の友人や家族との連絡手段は主にメールか国際電話、たまにSkypeで話せる人がいるくらいだった。

ソウと中国に行く少し前に初代iPadが発売され、中国生活の足しになるかもと購入したが、Wi－Fiを導入している飲食店などに行かないとネットにつなげないし（しかもそういう店は多くないし、コーヒー1杯の値段が高い）、子ども向けのアプリもあまりなかった。

とにかく日本のコンテンツへのアクセスはかなり制限されていたので、中国語を理解するようになるまでのソウは孤独や退屈にたびたび直面し、親の私も彼の娯楽を見つけるのに苦労した。

日本のアニメもドラマも違法コピーの嵐

そんな私たちの救いとなったのが、露店で売られている日本アニメのＤＶＤだった。近所の露店で手に入れた「宮崎駿アニメ全集」を、ソウはＤＶＤが擦り切れるほど見ていた。

それから1年ほどして、日本のドラマやバラエティが多くアップされた中国の動画サイトを偶然見つけた。90年代のトレンディドラマも人気のクイズ番組も、歌番組もあり、ほとんどすべてに中国語の字幕がついている。話題のドラマは、日本で放送されてからわずか1、2日で字幕がついて配信されていた。

後から知ったが、字幕をつけている人たちの多くは大学で日本語を学ぶボランティアで、「字幕組」と呼ばれていた。この人たちは雇われているわけでなく、純粋な楽しみ、あるいは名誉で字幕組に加わっていた。

ご想像の通り、日本のコンテンツを無断配信するのは著作権侵害だ。後に、日本の警察に字幕組が逮捕される事件も起きた。パッケージも本物そっくりなので当時は気づかなかったが、露店で売っている日本アニメのＤＶＤだって違法コピーだろう。

日本にとってコンテンツは将来的にも重要な産業で、著作権は守らなければならない。一方で中国の若者の多くが、こういった字幕付きアニメを通じて日本のカルチャーにふれ、日本に好感を持っていることも事実だった。

実はXもアクセスできる中国

中国で暮らすようになって数年経つとWi－Fiが使える飲食店、カフェが増え、初代iPadに子ども向けアプリを入れて、ネットに接続して遊べるようになった。Facebook のユーザーも2012年ごろ急に増え、中国から日本の友達とリアルタイムでメッセージを送りあえるようになった。2013年には自室にもWi－Fiが入った。

中国は YouTube やX（旧 Twitter）、Facebook、インスタグラムといったアメリカのSNSにアクセスできないことになっているが、接続元をごまかすソフトウエアを使ってつなぐことができる。今では在中日本人の大半はこの方法で、日本にいるときと同じようにSNSを開き、LINEを使っている。特に苦労することなく、動画での通話もできる。

日経新聞が2010年に電子版を始めたとき、海外にいた私は大喜びして契約したし（それまで海外で日本の新聞を配達してもらうと月に数万円かかっていた）、年末に紅白歌合戦を見たくてＮＨＫが映るホテルに泊まったりしていたが、日本のコンテンツを入手するコストはその後、信じられないほど下がった。

逆もまたしかりで、私は２０２３年、日本から中国の蘭州大学にオンライン留学した。中国にいる教師と各地にいる十数人の学生がウェブカメラで顔を合わせ、画面に表示されたテキストで毎日一緒に勉強した。

私が中国で経験した苦労話の半分ほどは、今なら簡単に回避できる。日本を発つ前にプリペイドのＳＩＭカードを買っておけば、中国に着いたその日から通話アプリで日本の友人と話し、地図アプリをダウンロードして日本食を売っているスーパーに買い出しに行ける。日本のコンテンツやアプリも難なく手に入る。

でも、そういう世界だったら、ソウが中国のアニメを見たり、寮の他の留学生たちと交流する機会はそんなになかったかもしれない。私はクラウドソーシングで日本からライティングの仕事を受けて、小遣いに余裕のある生活ができたかもしれないが、いつまでも日本とのつながりに頼り、それまでの延長線を進むだけだったかもしれない。

動物園でウサギを投げこむ残酷ショーの衝撃

ソウと中国に渡航して1カ月後、1週間の大型連休「国慶節」を迎えた。留学生の多くは休みの間に旅行に出かけるが、ソウを連れて遠出するほど生活に慣れていなかった私は、何をやって過ごそうか頭を悩ませていた。そんなとき、留学先の大学で日本語を専攻していた中国人の梓靖《ずーじん》が遊びに誘ってくれた。

私は博士課程に留学してすぐ、日本語の練習相手を探していた20歳の彼女と知り合った。梓靖の実家は香港に接した広東省の都市にあり、飛行機で4、5時間かかるので国慶節も大連に残ると決めていた。同じ境遇の私たちのことを気にして、ソウが喜びそうな動物園に行く計画を立ててくれたのだ。

大連の動物園に展示されている動物は日本とそう変わらなかった。日本のように餌を買って動物に与えるサービスもあった。しばらく歩いていると人が群がっているエリアがあり、近づいたら眼下に虎がいた。そばにはウサギを入れた檻があり、「100元」と書かれた紙が貼ってあった。

まさか……とちらちら見ていたら、中年の男性が檻の近くにいたスタッフと話をして100元札を渡した。ウサギは檻から出されて長い棒のついた網の中に移され、虎のいるところまで降ろされ、放たれた。状況を察したのか、あるいは反射的になのか、一目散に走りだすウサギと、それに気づいて追いかける虎。ウサギは一瞬で捕まった……ところまでしか見られなかった。ソウは、私が目を背けるのを面白がっていた。

ウサギがエサとして売られていた

道端に転がるヤギの頭

その後も何度か動物園に行くことがあり、ウサギの代わりに鶏だったり鳩だったり、いろいろな小動物が生餌として売られているのを見た。

動物園だけではない。近所を歩いていると、ヤギの頭が転がっていることがあった。すぐ近くに胴体部分も無造作に置かれていた。売っているのが本物のヤギのミルクで、新鮮なことを証明するために、リヤカーのヤギ乳売りが殺したヤギをわざわざ展示しているのだと教えてもらった。

ヤギの胴体も食肉にして売るのかもしれないが、ふいに見てしまった私は気分が悪くなった。一度しっかり捉えてしまった後は、遠くからでもわかるようになり、道を変えた。

中国の動物園の残酷ショーや犬食文化のお祭りはときどきニュースとして報じられて国際社会で炎上する。最近は動物を「ペット」として見る人が増えたので、中国でも批判が起きるようになった。

考えてみれば私たちが食べている肉は、誰かがどこかで屠殺《とさつ》して処理してくれているわけで、それが目の前で行われているかどうかの違いにすぎない。

日本で人気があるシロウオの踊り食いや、魚介類を活きたまま焼く踊り食いだって、中国の動物園の生餌と同じくらい悪趣味のようにも思える。

「中国は〜」「日本は〇〇」という国の比較をよく聞くけど、もっと視線を上げていけば、命を食することに娯楽要素を入れる人間がこの世で最も残酷なんだろう。

コラム❶

中国一の親日都市、大連の栄枯盛衰

「中国に住んでいた」と言うと、10人中5人に「上海ですか？」、4人に「深圳ですか？」と聞かれた。ほとんどの日本人にとって中国と言えば上海か深圳。首都の北京ですらなかなか出てこないのだから、大連というと「どこにあるんですか？」という反応ばかりだった。

大連は中国の東北部に位置する港町で、緯度は仙台と同じくらい。冬は氷点下10度ほどに冷えこみ、4月末に桜が咲く。人口は約600万人もいる。中国東北部の経済の中心部だが素朴さも残っており、ロバが引っ張るリヤカーがうちの前まで野菜を売りに来ていた。

若い人にはピンと来なくても、高齢者の間では知名度が高い。日露戦争後の1905年から日本の統治下にあったので当時たくさんの日本人が住んでいた。大連駅は上野駅をモデルに建設されたと言われ、清水組（現清水建設）が1914年に竣工した旧ヤマトホテルは、名前や所有者を替えて現在も営業している。

日本企業の城下町

そんな歴史を持つ大連は、中国随一の親日都市として知られる。

繁華街には日本語が話せるホステスのいるスナックやクラブがいくつもあり、日本企業の駐在員は「中国勤務者にはハードシップ手当が出るのだけど、大連は日本人にとっては天国のような都市で、手当をもらうのが申し訳ない」と笑っていた。

日本企業の誘致にも熱心で、1990年代に東芝など多くの製造業が工場を建設した。日本語人材が多いことから、日本企業の経理業務やコールセンターなどを受託するBPO産業も盛んになった。大手パソコンメーカー数社が日本語コールセンターを大連に置いており、日本語学科の大学生の憧れの就職先だった。

2010年ごろまで中国では外資企業の給料が相対的に高く、日本語や英語を学ぶことがキャリアアップに直結した。大連外国語大学の日本語学科は1学年700人の学生を擁し、水産大学も工業大学も、市内のほぼすべてが日本語学科を設置した。親日の風土、日本語人材、日本企業の進出という循環で大連は「日本企業の城下町」と呼ばれていた。

というわけで、私が留学先に大連を選んだ2009年は、日本でもそれなりに有名な都市だった。それが2016年に帰国するまでに、状況が少しずつ変わっていった。

まず日本企業の撤退・縮小が相次いだ。東芝が撤退し、パナソニックなど大手企業が現地事業を縮小した。当初は日本企業の業績不振が理由だったが、中国の人件費上昇による東南アジアへの移転、拠点の国内回帰など、中国の経済成長も逆風になった。日本企業が大連に進出する動機は、人件費の安さだったからだ。

同じ時期、深圳など南部でＩＴ産業が急成長し、重厚長大産業中心だった東北部の競争力も低下していった。

それでも日本人には居心地のいい街

北京のアマゾンや深圳のコンテンツ企業で日本語人材の求人が増え、しかも大連の日系企業やＢＰＯ企業より給料がいい。日本語学科を卒業した人材は、最初こそ大連の企業に就職するが、より高い給料を求めてすぐに北京や深圳に転職するようになった。

１９９０年代から２０００年代に成長から取り残されていた内陸部が、２０１０年代以降、高速鉄道が通って急速に発展したこともあり、大連を含む中国の東北部は成長が遅い「ラストベルト（さびついた工業地帯）」と言われるようになってしまった。

多くの日本企業が撤退・縮小したとはいえ、中国の他の都市に比べると日本関連の仕事がなお多く残っている。ただ、ＥＶ（電気自動車）メーカーのＢＹＤ、通信機器メーカーのＨＵＡＷＡＩ《ファーウェイ》といった話題の企業は南部に集中するので、取材での出張となると、どうしても上海・深圳になりがちだ。昔の知り合いも、若い人や日本人の多くは大連を離れてしまった。

中国はこの１、２年で不景気に突入しているが、大連に住む友人たちは何年も前から「景気が悪い」と言っている。

しかし大連の人の素朴さ、親日ぶりは今も変わらず、日本人にとっては相変わらずの居心地のいい都市だ。

第2章

中国人だらけのインターナショナルスクールに驚く

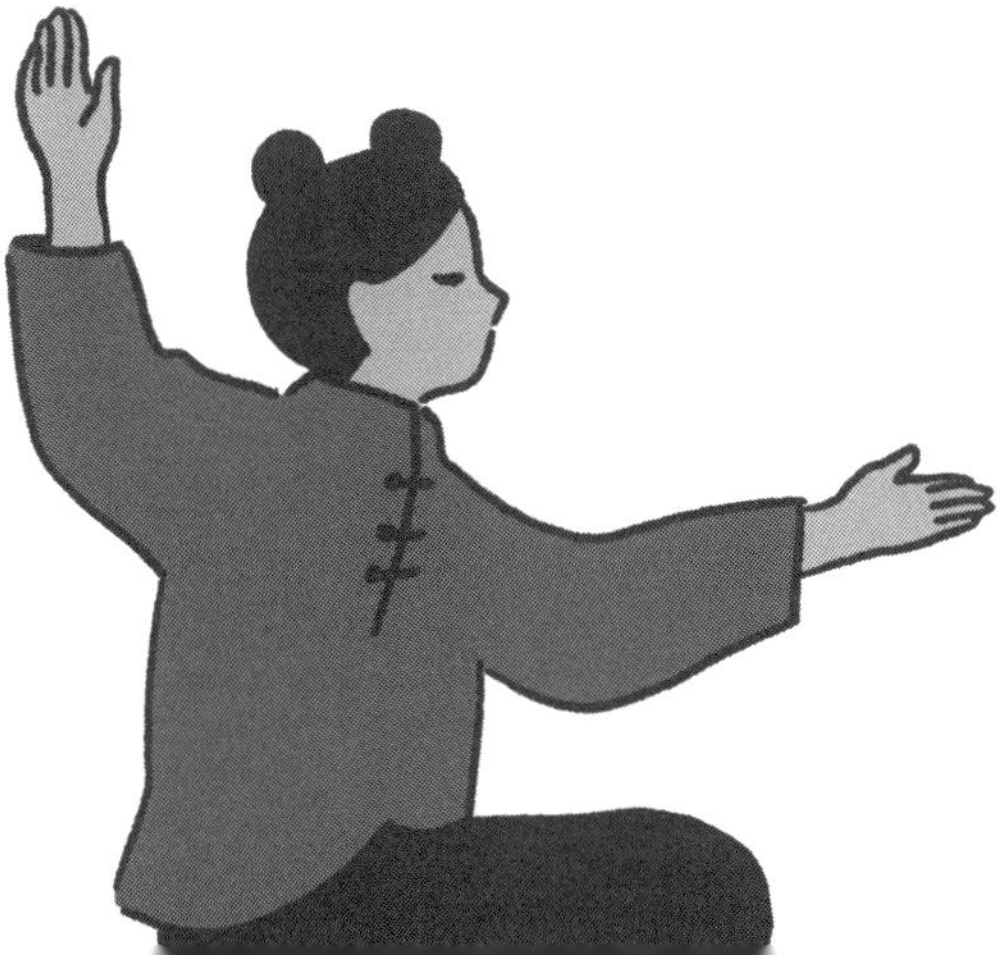

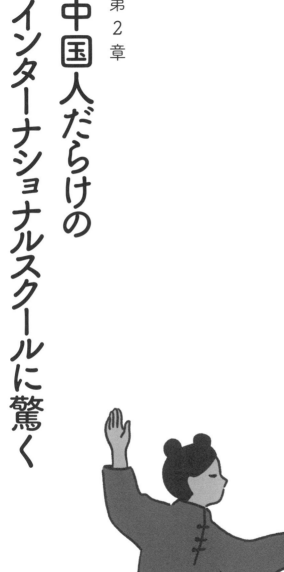

幼稚園でも小学校でもない、謎の教室

子連れ留学で、難題の一つがソウの学校探しだった。

親子留学自体はめずらしいものではなくなっているが、主流はリゾート地の短期留学で、レジャーも兼ねていることが多い。一方ガチ留学の私は、自分のこともろくにできないのに、ソウを正規の学校に至急通わせなければならなかった。

日本人の子どもが中国で教育を受ける場合、複数の選択肢がある。大連は北京や上海に比べると小さな都市だが、日系企業が多いので日本人学校もちゃんとあった。ただ、大連の日本人学校は私たちが住む寮から車で30分弱かかり、スクールバスや給食もないので通うのは無理そうだった。次の選択肢は欧米系インターナショナルスクールだが、学費が高すぎて奨学金生活の私には現実的ではなかった。

留学予定の大学の職員に相談すると、日本人学校の目と鼻の先にある「中国資本のインターナショナルスクール」を紹介された。

どういう学校かはわからないが、中国の夫婦は皆共働きだからスクールバスも給食も絶対あると言われ、他にあてもないので、現地の友人に頼んで入学手続きをしてもらった。

「学前班」は教育熱心な国ならでは

私たちは中国に到着した翌日、ソウが通う予定の学校を訪れた。

校門をくぐって「接待処」(案内所の意味)と書かれた建物に入ると、中年の女性に「サナエ？　サナエ？」と話しかけられた。

日本の学校にはこの女性のようなポジションの人がいないので、学校側の人なのか保護者側の人なのかずっとわからなかったのだが、今思えば「保護者担当の職員」だったようだ(確信はない)。雑誌「VERY」に出てくるモデルのようなこぎれいな格好をしていた。

彼女は「あなたの子どもは中国語が話せないので、ここで1年間勉強してから、小学校に上がったほうがいい」と言い、私たちを「学前班」と書かれた教室に連れて行ってくれた。

私は「学前班」が何なのかよくわからないままソウを1年通わせ、中国の生活が長くなるにつれて、その位置づけを理解していった。

「学前班」とは小学校の勉強への橋渡しを行う1年課程のカリキュラムで、中国の教育熱の副産物とも言える。中国は小学1年生から詰めこみ教育が始まり、日本の中学校のように中間テスト、期末テストもきっちり行われる。教育熱心な親は我が子が中国版「小1の壁」を乗り越えられるよう、先取り学習をする「学前班」に通わせるのだ。

日本にはないシステムなので日本の友達には「幼稚園」と説明していたが、実際は保育園や幼稚園とは別物で、幼稚園に併設されていたり、あるいは小学校に附属していたり、その存在も非常にあいまいだ。

おやつ2回に桃は丸ごと1個、豪華な給食

小学校に入学手続きをしたのに、当日になって「別のクラスで1年勉強しなさい」と言われたら、「なんで?」となりそうだが、幸か不幸か私の中国語能力では何が起きているか把握できず、ここに通えることに変わらないならまあいいか、と受け入れた。ソウは小1の1学期まで日本の小学校に通って中国に引っ越したが、中国の学校は9月が新年度なので8月生まれのソウは規定通りだと2年生のクラスになる。もしそうなっていたら授業にまったくついて行けず早々にギブアップしていたかもしれないので、結果的にはありがたい判断だった。

「学前班」の教室に入ったソウは、若い女性の先生に手を取られたまま固まっていた。間

もなく親と引き離され、言葉の通じないコミュニティに放りこまれると察知したのか、今にも泣きそうだった。

先生は慣れたもので、「明日からはスクールバスで送り迎えするけど、今日はお母さんと話をしたいので午後4時半に迎えに来てください」と英語で私に告げた。

ソウが生後8カ月で保育園に通い始めたときも、こんなだったなあ。初日は1時間でお迎えだったが、ソウだけでなく他の赤ちゃんもずっと泣き通しだった。

あのときは慣れるまで1週間かかったけど、今回はどうだろうか。祈るような気持ちで夕方迎えに行くと、おでこに何かのキャラクターのシールを貼ったソウが、奇声を上げながら走り回っていた。こちらが拍子抜けするほど元気だった。

先生に「私たちが見守っているから大丈夫です」と励まされ、私も何だか安心して、ソウを連れて家路についた。実のところ、ソウは午前中はナーバスになって教室で泣いたそうだ。だけど「先生が英語でずっと慰めてくれて、何を言ってるかまったくわからんから、泣くのをやめた」と教えてくれた。泣いてばかりいてもしょうがない、ということを7歳のソウは既に学習していた。

意思疎通ができないソウを元気づけてくれたのは、「食」だった。

「給食がすごい豪華だった」

日本の給食よりあきらかにボリューミーな学前班の給食

「給食の後に桃が出て、皮のまま丸かじりした」
「おやつの時間が2回もあった」

中国に来て日が浅い頃は、調理道具も十分でなく、近隣の安い食堂で食事をすることが多かった。食堂の水餃子やお粥はおいしかったが、質素さは否めなかった。母子の日々の食事に比べると、学校の給食はごはん、スープ、サラダ、肉、とうもろこし、スパゲティ……と、日本人の子どもの口にも合う献立だったという。

おやつは午前と午後の2回。中国はリンゴであれ桃であれ、切らずに丸かじりするのが普通の食べ方で、日本のことを知る中国人に「なんで日本はああやって果物を小さく切り分けるのか」と聞かれたこともある。果物大好きのソウにとって、果物の丸かじりはエンターテインメントで、大感激だった。

「学前班」の学費は月１２００元、別途朝ごはん、昼ごはん、2度のおやつで４５０元、さらに送迎費用が４００元ほど。全部合わせて毎月約２０００元がかかった。中国政府から支給される生活費は2000元、ついでに言えば大連の大卒の平均的な初任給も当時は2000元前後だったから、その学校は生活に余裕がある家庭向けの教育機関だったのだろう。

中国の幼稚園は朝ごはんが出る！

奨学金がそのまま飛んで行く金額は痛くないわけではなかった。当然、貯金に手を付けることになった。が、中国の私立学校が経営する学前班に入るのは、私たちにとってかなり良い選択だったのだと後からわかった。

送迎車は朝7時に寮のすぐ近くまで迎えに来る。朝と昼は学校で食べさせてくれて、夕方5時ごろ、寮の門まで送ってくれる。ソウいわく朝ごはんは品数が少なく味気なかったそうだが、栄養バランスのとれた食事を2食、さらにおやつまで食べさせてくれたので、晩ごはんのことだけ考えればよかったのは、これまであまり家事をしてこなかった身として大助かりだった。ちなみに朝ごはんを提供するのは中国の幼稚園ではごく当たり前で、3食提供しているところもめずらしくない。

最初の登園日に職員が気づいてすぐ話しかけてくれたり、慣らし期間として幼稚園でも小学校でもなく学前班を案内してくれたことからわかるように、何かと目配りがきいていて、20人ほどのクラスには先生が3人もいた。

ソウは学前班で何か言いたいことがあるときは、先生の背中をぽんぽんとたたき、ジェスチャーで伝えたという。連絡帳を買ってきて先生に渡すと、持ってきてほしいものや、学校での様子を書いてくれるようになった。

ソウ、半年で中国語を理解する

一つだけ、「違うやん！」とつっこみを入れたのは、インターナショナルスクールと聞いていたのに実際は中国人しかおらず、外国籍の子どもはソウ1人だったことだ。

中国は英語の早期教育がブーム化していて、公立小学校でも学校名に「双語（2カ国語の意味）」とつけるのが流行っていた。ソウが通ったこの学校は幼稚園から高校まで設置しており、英語教育と欧米の大学進学に力を入れていた。

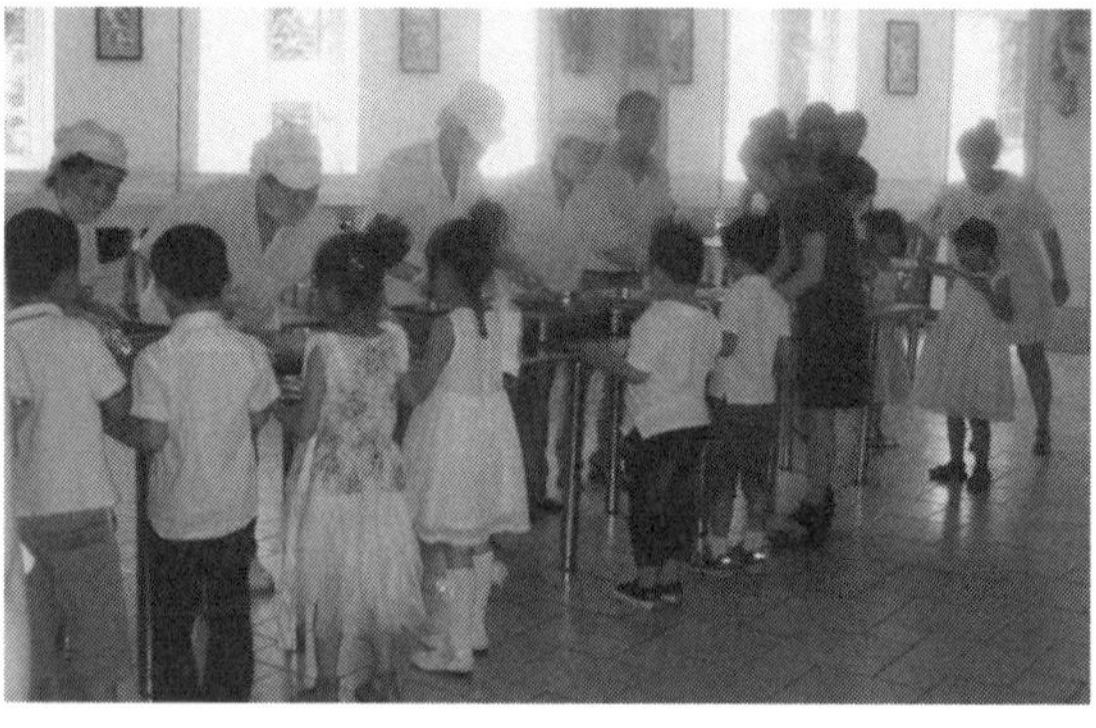
通っていた学前班では朝食、昼食、おやつが出され、中国生活に慣れないソウも大喜びだった

つまり中国人に国際的な教育を提供する「インターナショナルスクール」だったわけだ。そういえば私が最初に留学したＭＢＡも「国際ＭＢＡクラス」として開講したが、前述の通り交換留学のドイツ人と私を除いて学生は全員中国人だったなあ。

もっとも、そういった細かいことはまったく問題ではなかった。ソウは登校すると先生に代わる代わる抱きしめられ、同級生ともなじんで、半年も経つと先生の話がほとんどわかるようになっていた。私も留学先でみっちり中国語を勉強していたが、１年後にはソウに太刀打ちできなくなった。

中国人の子どもを小学校へ橋渡しする役割を担っていた学前班は、ソウにとっても中国社会に渡る橋になった。

7歳でも気づく2つの国の違い

日本は礼儀正しく、きっちりとしていて、秩序がある。

中国は「適当」の一言だ。中国人自身がそう言うんだから、悪口でもなんでもない。無秩序を逆手にとってごり押しもできるので、慣れるとある意味フレキシブルなのだが、ルール通りにやっていれば間違いないと思っている日本人からするとなかなかのハードモード。怒りっぱなしで日本に帰る日本人も少なからずいる。

人生経験が6年そこらのソウも、1カ月も経たないうちに日本と中国の違いに気づき、

「中国人って何も気にしないよね」

と語るようになった。

学前班にはクラス全員分のベッドがあり、ソウは「王子様みたいだ」と喜んでいた。けれどお昼寝中に汗びっしょりになっても、そのまま放っておかれるので、「あれ？」と思ったようだ。日本の保育園では保育士さんがこまめに汗をふいてくれたり、着替えさせたりしてくれていたのだろう。中国はこの手の細かい調整が苦手分野で（というより、日本が

やりすぎるのかもしれない)、びっくりエピソードには事欠かなかった。

中国生活1年目の大型連休、ソウとプールに行くことにした。服のサイズが5号の私は、サイズの合う水着もなかなか見つからないのだが、一応デパートに行って「小さいサイズの水着はない？」と聞いてみた。店員は両手で裁縫のジェスチャーをしながら「縫って縮めればいい」と言い放った。私も言われた通りに買った水着を数カ所縫って幅を詰め、日本に帰国するまで数年間着用した。

チェーン店でも味が違うのは当たり前

最初の1年ほどは彼らの適当さに衝撃を受けたり憤慨したりしていたが、次第に「何が標準」なのか、わからなくなっていった。

中国のチェーン店の料理が、店によって、あるいは日によって味が全然違うことを中国人の友人に話すと、

「料理人の気分によって味が違うのは当たり前だ。失恋したときに塩をたくさん振って悲しみを発散することだってあるだろう。毎日同じ材料、分量、手順で作らないといけないなら何が面白いのか」

と説明されて、「それも一理ある」と納得した。

特に子育てに関することは、中国社会の適当さに何度も救われた。子どもの学校で手足口病が流行し学級閉鎖になったとき、留学先の教師に話すと、「じゃあ連れておいでよ」と言われ、子連れで授業に参加させてもらった。

一時期習っていた少林寺拳法の男性コーチは、遅刻して現れても自分の子どもが通う幼稚園のお迎えの時間になると「今日はここまで」と走って帰ってしまう。

正確で秩序にあふれた日本

日本はイレギュラーに異常なほど厳しい。電車が所定の位置から10メートルオーバーランしただけでニュースになって責任者が謝罪コメントを出す。オリンピックで日本人選手が金メダルを取る瞬間にテレビ放送がサブチャンネルに切り替わっただけで、ヤフーのトップニュースにもなる。

「後のことを気にしない」「ルールは絶対でない」中国流に慣れてしまうと、日本社会の隅々に浸透する緻密さや、「相手の行動を察して先回りする」「ルールだけでなく、ルールをよく理解していない人のための対策まで講じる」「ミスをしたときのリカバリー方法を事前に考えておく」といったバックアップの充実ぶりは変態的にすら思える。一方で、秩序や手続き、事前準備を重視しすぎて物事がなかなか進まない課題もよく見えるようになった。新型コロナウイルスの流行初期、アベノマスクの配布にとんでもなく時間がかかり、国民に配られる頃にはマスク不足が解消していた、なんてことは、イレギュラー慣れしていない日本を示す典型的な事例だろう。

もっとも、中国流と日本流は、「人をいらいらさせるけど、自分は楽」か、「相手は満足するけど、自己犠牲を強いられる」の究極の二択感もある。

コロナ禍で4年近く海外渡航ができず日本でぬくぬくとしている間に私の中の中国像が都合のよいように補正されてしまい、日本のだめなところを見るたびに、「中国のほうが臨機応変だ」などと思っていたのだが、２０２３年に久々に中国に行ったら本来の渡航目的だったイベントが前日に中止が決まったりして、「ああ！　中国ってこういう国だった」とやっぱり腹が立ったのである。

贈り物をしないと子どもが不利に？親を悩ませる「教師の日」

中国の学校は9月に新年度が始まる。そしてしょっぱなから外国人には理解できないイベントが到来する。9月10日の「教師の日」。

祝日というわけではないが、中国では「母の日」並みの認知度で、中国を代表する起業家のジャック・マー氏は前職が教師だったことから、この日にこだわって1999年9月10日にアリババを創業し、20年後の9月10日に会長を退任した。それくらい重要な日なのだ。

私が教師の日の存在を知ったのは、単身で中国留学した2009年だ。挨拶のために教授の部屋を訪れると、いくつもの胡蝶蘭《こちょうらん》があった。日本語がわかる教授に「お花がたくさんありますね」と見たままの感想を述べたところ、彼は「『教師の日』だから」とだけ答えた。自室に戻ってインターネットで「教師の日」を調べ、翌日がその日だとわかった。胡蝶蘭が飾ってあったことから、それなりのお値段の贈り物が必要だとも気づいた。手ぶらで訪問している場合ではなかったのだ。教授も私が本当に挨拶だけで帰ってびっくりしたかもしれない。

ソウの初めての中国生活でも、初登校から何日もしないうちに教師の日がやってきた。1回目の滞在で教師の日と中国の贈り物文化を認識した私は、プレゼント用に日本で化粧品を数点購入しており、とりあえずそれをソウの先生に贈ろうと考えていた……が、直前で計算違いが起きた。

学校から帰宅したソウが、「クラスに先生が3人いるよ」と思わぬことを言い出したのだ。登校初日に英語で対応してくれた先生が担任だとばかり思っていたが、他にもいるということか？　贈り物用に中国人に人気の高い無印良品の基礎化粧品セット2つを持ってきていたが、足りないので自分用の化粧水1点も放出することにした。日本の化粧品をすぐ買える環境ではなかったので、惜しくて仕方なかったが背に腹は代えられない。

中国人もやめたいイベント

自分のカルチャーには存在しない「教師の日」は本当に悩ましく、毎年中国人のママ友に「教師の日にどんなものをあげたらいいのか」「男性だと何がいいのか」などと相談した。ママ友が、「ネクタイやベルトは束縛する意味合いがあるから男の人にはあげないほうがい

教師への「感謝の気持ち」は形にしないといけない

い」と教えてくれて、日本と中国の「NGリスト」の違いも知った。

ママ友によると、中学生以降は生徒たちがクラス単位で記念品や花を教師に贈るスタイルが主流になるので、保護者の心理的負担は軽くなる。当日朝は通学路に花売りのおばちゃんたちが現れ、タピオカ店やスーパーまでも臨時で花束を販売するので、お小遣いで花を一輪買って先生に渡す子どもも多い。

お世話になっている教師への感謝の気持ちと言えば聞こえはいいが、渡さなければ子どもへの扱いが変わるかもしれないと誰もが思っており、「任意」とは名ばかりだ。身もふたもない言い方をすれば賄賂、付け届けでもある。

中国の保護者の大多数にとっても、「教師の日」は面倒なイベントであることもわかってきた。私たちが住んでいた地域は、小学校や中学校でクラス替えがないのが一般的で、クラス内の人間関係が一度悪化すると逃げ場がなくなる。ママ友たちは「こんな習慣なくなればいい」とぼやきながら、ギフトカードやアクセサリーを教師に直接渡していた。

ソウの学校の保護者会では、例の雑誌「VERY」から抜け出したような女性職員が「わが校は他校と違って、親に金品を要求しません」「年末年始に親が教師の家にプレゼントを持って挨拶にいくような習慣はありません」と話していた。教師に付け届けをしなくていいということが他校との差別化になっていることに頭がくらくらした。


私は数年後、中国の大学で教師として働き始めたのだが、事あるごとに学生がプレゼントを持ってくるのに戸惑い、居心地が悪い思いをした。彼らは月に1、2万円の生活費で暮らしているのに、数千円、時には1万円を超える品物を持ってくる。日本に帰国してからも、昔の教え子たちは絶対に数千円の手土産を持ってくる。「いらないよ」と言っても聞いてくれないので、同額以上の食事をごちそうしたりギフト券を渡したりしている。

「気持ち」の日本に対し、「不利を受けないための礼儀」「金額＝気持ち」がにじみ出る中国。日本に住む中国人の教え子が最近出産したので、別の中国人に「出産祝いはどんなものがいいのかな」と尋ねたら「現金」と即答された。そりゃ現金が嬉しいだろうけど、それじゃあんまり気持ちを感じないから、日本人は「カタログギフト」などに落としどころを求めるわけだが……。とにかく、贈り物は一筋縄ではいかない。

恐怖の保護者会——親の「教育力」に点数をつけられる

団塊ジュニアで第2次ベビーブーマーの私は、過酷な受験戦争を戦い抜いて大学生になった。

卒業した早稲田大学は、今や入学者の5割以上を推薦や総合型選抜（旧AO）で取っているが、自分が受験した頃は指定校推薦の枠も少なく、系列高校からの進学組を除くと同級生の7～8割が浪人生だった。入試はひたすら知識量を問うもので、日本史なんか「種子島に伝来した鉄砲は何丁だったか」「米騒動で米はいくらになったか」という「それ知って何になるの？」という問題のオンパレードだった。

そんな私から見ても、中国の受験戦争は激ヤバだった。親にとって子の大学受験は妊娠時から始まっている。若い人たちは子育てを、「大学入試」をゴールにお金と精力をとことん吸い取られる課金ゲームだと思っている。

ソウが通っていた「学前班」も長期的な視点で見れば、大学入試に向けた詰めこみ教育のファーストステップだった。

円周率は100ケタまで――「記憶力」というスゴい授業

算数、国語、英語の他に、時間割で「これ何？」と気になったのが「記憶力」という授業。ソウによると神経衰弱のようなことをしたり、円周率を100ケタまで覚えたり、要は遊びの要素を取り入れながら暗記力を鍛えていたのだ。たしかに中国の小学校では古代の唐詩を暗唱するように言われたし、1年生で大量の漢字を覚えさせられた。大学でも文系学部は暗記中心の授業が結構ある。暗記を制する者は、人生の最初の20年を制すと言っても過言ではない。

おかげでソウは円周率を100ケタまで言えるようになり、日本に戻ってもずっと忘れることなく、いろいろな暗証番号を、円周率の「連続する4ケタ」だったり「8ケタ」に設定していた。日本ではそれくらいしか使いようがなかったとも言える。

ひと月に1回のペースで行われる保護者会もなかなか強烈だった。

「どうせ何を言っているかわからないだろうし」と最初の保護者会に参加しなかったら、保護者会の日は親子が一緒に帰ることになっているとかで、ソウは先生にタクシーで送られて帰宅した。なのでその後の保護者会はソウを回収するためにきちんと出席した。

日本の保護者会というと、担任の先生が子どもたちの様子や連絡事項を伝えたり、保護者同士が懇談したりするイメージだが、中国はまったく違った。日ごろ子どもを見ている先生は参加せず、保護者のグループチャットの管理人的役割を担い、保護者の質問に答えてくれる女性――登校初日に声をかけてくれた「VERY」モデルのような彼女が、すべてを取り仕切る。

私が初めて出席したときは、冒頭で「前回の宿題の成績です」と上位者の名前をスクリーンに映し出した。

「小学校にも入っていないのに、成績を開示するなんてシビアだなあ」と引き気味に見ていたら、なんとそれは子どもの成績ではなく、前回の保護者会で課された「親への宿題」の成績表だとわかり、私は椅子からひっくり返りそうになった。「保護者会＝保護者を教育する会」だったのだ。子どもの教育にあたって親も学ばないといけないのは理解できる。しかし宿題を出して採点して、実名発表するというのはエクストリームにもほどがある。

「ママのかわいい子」という歌

女性職員は家庭のあり方、親のあり方と熱弁を振るった。「これも無料の中国語授業」と思ってぼんやり聞いていたら、最後にまた宿題が出た。しかも5つだ。

親への宿題

①最近子どもにどんな変化がありましたか。文章にまとめてください。
②クラスや学校への意見を書いてください。
③子どもへの手紙を、５００文字以上書いてください。
④子どもの似顔絵を描いてください。
⑤親子で「ママのかわいい子」という歌を歌い、録画して提出してください。

「ママのかわいい子」という歌が存在するのか？　それとも作詞作曲するのか。語学力とカルチャーの壁で、十分に理解できない。スマートフォンが普及する前の話だ。どうやって録画するのか、録画したものをどう送るのかもわからなかった。

その後中国人のママ友ができて現地の教育事情を聞いたり、自分が大学の教員になって学生から受験戦争のし烈さを教えてもらう中で、中国が日本とは比較にならない学歴社会で、最終学歴や入る会社によって20代のうちから年収に数倍の格差が生じることを知った。あの恐ろしい保護者会も円周率１００ケタを覚えさせる授業も、中国社会の仕組みとちゃんとつながっているのだ。

「子ども料金」は年齢でなく身長で決まる？

中国で生活していて最も驚いたことの一つが、子ども料金の対象かどうかが年齢ではなく身長で決まることだった。

大連の路線バスは、どこまで乗っても1元だった（路線によっては2元もある）。子ども料金のことはどこにも書いていないので、日本式で半額の5角銭をソウの運賃として料金箱に入れていた。あるとき、同乗した中国人に言われた。

「ソウは小さいから無料だよ」

年齢ではなく、身長のことだった。

列車やバスの料金だけでなく、レジャー施設の入場料やレストランの食べ放題も、身長で子ども料金かどうかが決まる。１１０～１２０センチ以下だと無料、１５０センチ以下なら大人の半額という決まりが多かった。だからといって身長計が置いているわけでもなく、入り口で従業員が自分の体と比べてざっくり判断していた。

年齢で料金を区切る国から来た私は、中国の身長ルールを最初に知ったとき、驚きのあまり周囲の中国人に「おかしいでしょ」と抗議した。同じ年齢でも発育の差は大きく、不公平じゃないか。すると「年齢なんていくらでもごまかせるんだから、そっちのほうが不公平だろう」と言い返された。

中国人の驚きの言い分

体が大きいほうがスペースを取るしたくさん食べるから、座席にしても、レストランの食べ放題にしても身長で線引きするほうが合理的だと中国人は言うが、動物園の入場料の子ども料金を身長で決めるのはやっぱりおかしい。

とはいえ、私たち親子に限って言えば、身長制は助かるシステムでもあった。ソウは私に似て背が小さかったので、中国にいる間ずっと、ほとんどのことが無料だった。私たちは休みのたびに国内旅行に出かけていたので、ソウの交通費や観光施設の入場料がただになるのはとってもありがたかった。

そんな中国ならではの習慣も、２０２３年に見直されることになった。鉄道当局が子ども料金を従来の身長から年齢を基準にするよう改めたのだ。それまで１２０センチ以下の子どもは無料、１２０センチを超えて１５０センチ以下は子ども料金（大人の半額）、

150センチを超えると大人料金と定められていたが、2023年1月以降、6歳未満は無料、6歳以上14歳未満は子ども料金。14歳以上は大人料金に切り替わった。

中国の鉄道当局によると、子どもの体格がよくなり、従来の基準だと大人料金を払わないといけない小学生が増えたことと、鉄道の乗車券購入が完全実名制になり、乗客の年齢が把握しやすくなったことから、見直しに至ったという。

納得しがたかったルールがやっと変更され、「やっぱり日本のやり方のほうがグローバルスタンダードだよね」と1人どや顔をしているわけだが、10歳になってもチケットを買うことなく、心持ち身をかがめながら鉄道や観光地の入場ゲートを通り過ぎていたソウの姿を思い出すと、日本以上に高身長の男がもてる中国で、小さいことのメリットが1つなくなってしまったんだなと、ちょっと寂しくも感じる。

『かいけつゾロリ』は国境を越える

グローバル化の時代、家族で海外に移住し、子どもに異文化や外国語を学ばせたい、できればバイリンガルにしたいと考える親が増えているようだ。

大連には日本人学校があったが、「せっかくなら英語を身につけてほしい」とすべて英語で授業を行う欧米系のインターナショナルスクールに子どもを通わせる日本人もわりといた（親が外国語をできないと、後々苦労することにはなるのだが……）。

しかし幼いうちから外国語で教育を受けさせると遅かれ早かれ直面する問題がある。「母国語の低下」だ。子どもを海外の大学に進学させると腹をくくっているならいいが、「子育て長期計画」が万全の中国人と違い、多くの日本人はそこまで厳密なプランを持っていない。ソウを現地の学校に通わせた私もその1人で、彼の日本語能力をどうやって維持するか頭を悩ませることになった。

ソウは日本語ネイティブで、母親の私とは日本語で話す。だから、一見すると日本語能力に問題があるようには見えない。けれど母子間で使う語彙はパターン化し、それほどは増えない。例えばソウは10歳のとき、「恋人」を「こいじん」と読んだし、擬態語や擬音語は今でも苦手だ。一方、中国語に関しては学校で先生や友達、教科書から、家ではテレビや漫画から新しい言葉をどんどん吸収していく。

今ならタブレット端末で日本の読み物やアニメコンテンツが簡単に入手できるが、当時はそんな環境はなかった。私は帰国するたびにヤフオクで中古の科学雑誌や通信教育の教材を買いこみ、せっせと中国に運んだ。ソウは日本の教材をあっという間に終わらせ、科学雑誌を擦り切れるほど読みこんだ。

ソウが読める日本語の本が欲しいといつも思っていたけど、日本と行き来する際に運ば

ソウの日本語環境の確保のために、役に立ってくれた児童書の数々。もらったり少しずつ買い足して増えた

ないといけないものがありすぎて、薄い雑誌や教材をカバンの空いたスペースに押しこむのが精いっぱいだった。

ある日、新聞社で記者をしているときに取材先だったUさんが、中国出張ついでに会いに来てくれた。わざわざ大学の寮までやってきたUさんは、私の部屋の入り口で重たそうなリュックを下ろした。

「うちの子が小さい頃好きだった本を、日本のブックオフで買ってきたんだよ」

そう言ってリュックからプラモデルと本を取り出した。仕事で来ているのに、重たい児童書を10冊も詰めてきてくれたのだ。

当時50代だったUさんが、わざわざ本屋に行ってソウの年齢に合った本を選び、飛行機で運んでくれた。その大変さを知っているから、とてもありがたかった。

10冊のうち1冊は、１９８７年にシリーズが始まり、子どもたちに絶大な人気を誇る児童書『かいけつゾロリ』シリーズだった。ソウはその日の夜から、『かいけつゾロリ』のとりこになった。同じ本を何度も手に取り、同じところで笑った。一時帰国した際はブックオフに寄り、シリーズを買い足した。

数年経ってソウが帰国した後も、私は思い出の詰まった『かいけつゾロリ』シリーズを処分できずにいた。

あるとき、中国人の男性と結婚して大連で小学生の子どもを育てている日本人女性が、「日本人学校に通っているけど、国語が苦手で本を与えても読まない」と悩んでいるのを知って、私はすぐに彼女を家に呼び、『かいけつゾロリ』シリーズを渡した。

彼女と1年後に再会したとき、「子どもは本に興味がなかったのに、『かいけつゾロリ』だけは気に入って読んでくれている」と教えてくれた。その頃にはシリーズが60巻近く出版されていたが、旦那さんが全巻を日本から取り寄せたという。

私にはそれだけの経済的余裕がなかったのでうらやましいな、と思いながら、ソウのために日本から重たい本を運んでくれたUさんと、外国に住む子どもの好奇心も満たしてくれるゾロリに、心の中で改めてお礼を言ったのだった。

「中国に行きたくない」ソウ、初めての反抗

10代の私はグローバルとは程遠かった。英語への苦手意識を払拭できず、受験した学部の多くは文学部、国文学科だった。初めてパスポートを作って海外に行ったのは大学1年生の春休み。友人に誘われて2泊3日で韓国に出かけた。どちらかというと友人主導で学生時代にいろいろな国を旅行し、異文化に興味を持ち始めたが、長時間労働で休みの少ない、しかも呼び出されたらすぐ出動しないと怒られる新聞社に就職したので、外国との距離は再び開いてしまった。

そんな私がいきなり子連れで中国に住むというのは、なかなか大変なことだった。駐在員家族のような会社のサポートや手当があるわけでもない。シングルマザーで安定した職業を手放し、今後の見通しも立たない中、貯金もできるだけ切り崩したくなかったから、最初の数年はひたすら倹約した。

1元のソフトクリーム、2元のみかん飴《あめ》（縁日で出るりんご飴のみかん版のようなもの）は週に1、2度の特別なおやつで、1元のバス代をケチって氷点下の街を30分歩くことも

あった。

絵に描いたような貧乏生活

絵に描いたような貧乏生活だったが、自由の代償と思えば平気だった。日本にいたときは、女性、あるいは母親というだけで重たい足かせをつけて働いている感じがあった。だからおもりを捨てて、ついでに社畜としての鎖も外れたときの解放感たるや。自分で未来をつくれることが、何よりもの報酬だった。

ソウも1年経つと日常会話に困ることはなくなり、寮のベトナム人や韓国人と交流するようになった。学前班の卒業式の日、ソウの同級生親子と学校近くの公園に行き、しばらく遊んだ。中国人と親子でコミュニケーションができるまでになった自分たちが誇らしく、感慨深かった。留学生活1年目を終え、私たちは夏休みに久しぶりに日本に帰った。

福岡の祖父母の家で、ソウは毎日おいしい料理を食べさせてもらい、甘やかされ放題だった。私は重力のない世界を歩いているようだった。「これ、どうやるんだろう」とか、「窓口の人に伝わるだろうか」と不安になることなく、標識や注意書きの前で足を止める必要もなく、ぼーっとしていても買い物や食事ができ、人間として退化するのではと心配になったほどだ。

1カ月半の夏休みを日本で過ごし、再び中国に向かうときに事件は起きた。福岡空港に着いてしばらくすると、ソウが突然「俺、中国に行かん」と叫んだのだ。冗談かと思っていたら、近くにあった柱にしがみつき、号泣して抵抗した。その後もソウは「中国に行きたくない」と泣いて前に進もうとせず、手荷物検査のときは私が力ずくでリュックを引きはがしてベルトコンベヤに載せた。

飛行機に乗るとさすがに観念したふうだったが、ソウは疲れて眠るまで泣き続けていた。

初めて中国に行くとき、ソウは楽しい旅行とばかり思っていて、心配していた私は拍子抜けした。それから1年、ソウは泣くことはあっても、「日本に帰りたい」とはほとんど言わなかった。大変なことだけでなく、楽しいことだってたくさんあった。だけど夏休みを日本で過ごして、中国が自分にとってアウェイであること、気を張って生活していたことに気づいたのかもしれない。

ソウに申し訳ない気持ちはあった。だけど後から振り返ったら、「いい経験だった」と笑い話になる。いや、するしかない。空港で「やっぱり行きたくない」と言われても、連れて行くしかなかった。

ゲーム機ご臨終事件

そんなソウが2年目の中国生活にあたって、日本から運びこんだのが任天堂のゲーム機だった。預け荷物にせず、ランドセルに詰めて自分で背負って運んだくらいよりどころだった。

1カ月半ぶりに大連に戻り、寮の自室に入って、ソウは真っ先にランドセルからゲーム機を取り出した。そして私が止める間もなく、電源アダプターをコンセントに差しこんだ。その瞬間、コンセントから火花が飛んだ。

バチバチという尋常じゃない音、焦げ臭いにおい……何が起きたかを理解したソウは、「うわーーーーーーーん」と大声をあげて泣いた。その日2回目の号泣だ。ストレスの多い中国生活における最大の楽しみになるはずだったゲーム機が、1度も遊ぶことなく火花を散らして動かなくなった。

日本の電圧は110ボルトで、中国は220ボルトなので、日本で買った家電製品のプラグをさすときは変圧器を使わなければならない。実はこの1年前、ソウと中国に来て1日目、私は日本から運びこんだ炊飯ジャーをソウと同じミスをして失った。

ソウは非常に穏やかな性格で、反抗期もなかった。私の記憶の中で、手が付けられないほど親に逆らったのはあの空港での1回限りだ。ソウが取り乱したり、思い通りにならなずに暴れたのはあの時期に集中している。手のかからない子どもだったソウを以てしても、最初の1年間は耐えがたいことばかりだったのだろう。

幸いなことに、空港で柱にしがみついた事件も、ゲーム機ご臨終事件も、願っていた通りに笑い話になった。それでも、私が自分のことで精いっぱいで、ソウに負荷をかけすぎたことは、時折思い出し胸が痛くなる。

第3章

異国の寮生活、最初の友達はアフリカ人

中国なのにアフリカ人だらけの留学生寮

「ママ、なんであの人たち、顔が焦げているの？」

ソウが指をさした先に、寮の玄関をふさぐように座って談笑している黒人男性たちがいた。私は思わず「しーっ」と自分の口に指をあてた。

ソウは日本語で質問してきたので、彼らに聞こえていたとしても意味は伝わらなかっただろう。けれど、私は息子の素朴な問いに虚を突かれ、その小さな手を引いて速足で彼らの前を通り過ぎた。

中国政府奨学金を得て留学した2010年、中国のGDPは日本を抜いて世界2位に浮上した。急激に力をつけていた中国企業は次々に海外進出し、政府は奨学金を拡充し、海外留学生を呼びこんだ。

留学先の大学では、私たちの代が政府奨学金1期生だった。それまでは省の奨学金を獲得した留学生しか受け入れておらず、国籍も韓国とベトナムに偏っていたが、知名度の高い政府奨学金の対象校になったことで、留学生が一気に多国籍化した。

とはいっても、奨学生の〝同期〟の多くは旧ソ連やベトナムなどの社会主義国かアフリカ大陸からの学生で、先進国から来た人はあまりいなかった。

留学先は中国ではまあまあ有名だったが国内トップクラスとまでは言えず、かつ東北部に位置していたため、海外での知名度が低く留学生集めに苦労したのかもしれない。


私にとってはまわりにこれほど黒人がいる生活は初めてだった。ソウがめずらしがるのも無理はない。入居する留学生寮には100人弱が暮らしていたが、長期で住んでいる日本人は他にいなかったので、アフリカや中東から来た留学生たちも私たちをめずらしがった。特に寮で唯一の子どものソウはどの国の留学生よりもめずらしがられ、すぐに皆のアイドルになった。

クリスマスが近づくと、ソウはサンタクロースに見つけてもらうために、日本語と中国語で「ここに子どもが住んでいます」と紙に書いて窓に貼った。外からそれを見た留学生たちは、こっそりドアの外にプレゼントを置いてくれた。

夕食を食べると、ソウはおもちゃやゲームを手に留学生の部屋を訪ねた。どこの国の人であろうが、遊んでくれれば友達だった。

初対面で「顔が焦げている」ように見えた黒人とも、いつの間にか仲良くなっていた。冬はベトナム人グループが雪合戦に誘ってくれ、共用キッチンではアフリカの人々がダンスを教えてくれた。

そのうちソウは世界地図を手に、彼らの部屋を訪ねるようになった。地図を見て国の名前を答えることができても、それ以上のことをほとんど知らないと気付いたのは、他でもない親の私だった。

ギニアと赤道ギニアは違う

どの国の人たちも日本を知っていた。コンゴ共和国の留学生は、私たちを見ると「カメハメハー」と、ドラゴンボールの亀仙人のポーズを取った。チェコ人はソウに「ポケモン描いて」と話しかけていた。そういえば、中国人の竹笛の先生にも「一休さん」の話題を振られたことがある。アニメの伝播力はとんでもなく大きい。

私もスウェーデン人に「イケア、イケア」と言い、向かいの部屋のトルコ人には「イスタンブール」「シルクロード」と、その国から連想できる単語を並べ立てた。しかし、アフリカに関しては、南アフリカの「アパルトヘイト」、ケニアの「留学生駅伝ランナー」など本当にごく一部の国のイメージしかなかった。他に浮かぶのは「大草原と象」という感じのぼんやりした印象だ。

寮で最初に話しかけてきたのは、留学4年目の古株である赤道ギニアからの留学生だった。ギニアではなく、赤道ギニアだ。外務省のサイトによると、日本在住の赤道ギニア人は2023年3月時点で9人しかいない。アフリカのことを何も知らない私は「ギニアとは違うの？」と聞いた。「まったく違うよ」と彼は答えた。

「コンゴ」も「コンゴ共和国」と「コンゴ民主共和国（旧ザイール）」があって紛らわしかった。

ノックする音が聞こえたのでドアを開けたらシエラレオネ人が「この部屋に日本人がいると聞いた」と大きな目をキラキラさせて話しかけてきた。私はシエラレオネのイメージを何も示せず、相づちを打ちながら笑顔でごまかすしかなかった。彼が立ち去った後、とりあえずウィキペディアで検索すると「平均寿命が世界で3番目に短い」という文面が目に入った。同国に根深い問題があるのを感じながらも、「こんな情報、世間話には使えない」と画面を閉じた。

ソウを特にかわいがってくれたのは、向かいのトルコ人の部屋によく出入りしていたガボン人男性のテレンスだ。フランス人とガボン人の間に生まれ、フランスでの生活が長い

向かいの部屋に住むセリナとガボン人のテレンス（右）は特にソウをかわいがってくれた

彼が「母は4人いて兄弟が20人弱いる」と言うので、私は混乱し、また自室のPCを開いて「ガボン 一夫多妻」と調べたりもした。

私はアフリカ＝途上国、貧困国のイメージを持っていたが、実際は国や個人によって違う。当時の日本はまだガラケーが主流だったのに、テレンスは2011年時点でiPhoneを持っており、ソウは彼のジーパンのポケットからそれを抜きとっては、パスワードを解除してゲームで遊んでいた。後にサッカーW杯予選のドキュメント番組で、フランスとアフリカ国家の二重国籍を持つ選手がアフリカの国の代表として戦っているのを見て、テレンスのような人がたくさんいるのだと理解した。

コンゴ共和国の女性はときどき4時間ほど共用キッチンを占領し、大量の料理を作っていた。彼女をキッチンで見かけた日は炊事をあきらめ、ソウと外食に出かけた。午後9時すぎにキッチンをのぞくと、同国の人々が集まって食事会が開かれていた。彼女は「12人きょうだいで育ったから、いつも作りすぎてしまう」と笑っていた。コンゴ共和国の人々が一般的に大家族なのか、彼女の家庭が特にきょうだいが多いのかは聞きそびれた。

最初に会った人が、その国のイメージにもなる。

アフリカや東欧の人々が私を見て「日本人は痩せているんだねえ」とよく言うので、私は「いや、私は日本人の中でも痩せているほうです」とそのたびに答えることになった。

アフリカ人から見たアジア「好きなのは日本、近いのは中国」

私がアフリカを「アフリカ」としか捉えていなかったように、彼らの頭の中の「アジア」もこんがらがっていた。

留学先で所属していた研究室には中国人の他に韓国人、ベトナム人、ナイジェリア人がいた。教授は研究発表会などのあいさつで、「我が研究室には日本人もいる」とよく言っていた。彼によると創業100年を超える企業がごろごろある「日本」は、企業の歴史が浅い中国にとって欧米企業とは違う価値を持った学ぶべき対象だという。

国費留学生にはナイジェリア人が多く、一定の勢力を形成していた。彼らと話しているうちに、ナイジェリアがアフリカの大国であることがわかったし、どこか中国を下に見ている印象も受けた。

研究室のナイジェリア人は、中国語ネームを「国王」と名乗った（中国で暮らす外国人は漢字の中国語名を持つ慣習がある）。

「なんで国王にしたの?」と聞くと、「中国は遅れているので、この国なら自分は大統領になれると思った」と返ってきた。

研究室の教授と留学生で会食をしたときは、ナイジェリア人の発言にひやひやした。母国の公用語が英語である彼は、「英語ができれば中国語を学ぶ必要はない」との姿勢を崩さず、果ては英語が苦手な50代の教授に「今からでも遅くない。レッスンに付き合うから勉強しよう」と提案までした。

ナイジェリア留学生は、さらに「韓国の国力は日本に遠く及ばない。だが、日本は強国とはいえ、インドの下にある」と評論した。理由を聞くと、「インドは仏教の発祥地」との答えだった。

私と韓国人、ベトナム人は寮への帰り道、「いろいろ衝撃だったね……」と語り合った。

屈強だけど陽気なアフリカ人はソウの最初の友達になった

けれど、「韓国は日本に遠く及ばない」と言われても韓国人は「アフリカ人だしね」と怒っていなかった。「日本はインドの下」と言われた私も、同じ反応だった。

日中、日韓関係がこじれると、あの食事会を思い出す。家族、親戚、ご近所……近いからこそこじれやすく、冷静になれないのだ。遠ければ、距離を置くことで薄められるのだから。

日本が見ている「グローバル」の意味

新型コロナウイルスが世界を襲った2020年、世界保健機関（WHO）の事務局長で、エチオピア出身のテドロス・アダノム氏が「中国寄り」だと批判された。「何をいまさら」と思った。社会問題とポテンシャルにあふれるアフリカ大陸で、中国は着々と足場を築き上げてきた。アメリカから敵視されているHUAWEI《ファーウェイ》も、海外進出をアフリカから始めた。製品の品質や競争力を国際的に認められず、先進国を攻めるのが難しかった中国企業なりの戦術でもあった。

アフリカや東南アジアから中国に来ていた国費留学生は、多くがその国のエリートだった。帰国後は母国で大学教員のポストが約束されていた人もいたし、現役の外交官もいた。

ザンビアから来た留学生は、「うちは裕福だったので、両親が3つの留学の選択肢をくれた」と話した。その3つはイギリス、南アフリカ、中国だった。

彼は、「イギリスは物価が高い。南アフリカは治安が悪い。消去法で中国に来た」と言っていたが、欧州、アフリカ、アジアの3択ということが、日本人の私にはピンとこなかった。アメリカ留学が第一志望の日本人が、他の国も検討するならイギリスやカナダ、あるいはオーストラリアだろう。地理的により近く、今後の成長が見こまれ、英語が通じる「インド」と迷ったなんて話は聞いたことがない。

日本人である私は、何人ものアフリカ人留学生から「本当は日本に行きたかったけど、ハードルが高すぎるから中国を選んだ」とも聞いた。

中国のGDPは日本を上回ったが、「研究」「物づくり」などの分野では、中国人ですら「日本や欧米のほうが上」と考えていた（今もまだ、その考えは強く残っているだろう）。品質が高く、ハイテクな日本ブランドは多くの留学生の憧れだった。多国籍の環境で生活して、私は自分の国がグローバルでいかに信頼されているかを知った。

ともあれ、どういう動機で中国留学を選択したにせよ、数年間の生活で中国への理解は深まる。前述したように、特に途上国から来る国費留学生の多くはその国のエリートであり、留学を終えると中国に関連した仕事に従事する。奨学金や子どもと住める住居の提供につられて、のこのことやって来た私もだってその1人だ。

２０１５年、中国のスターバックスでカフェラテを飲んでいたら、隣の席の中国人男性に「日本人か？」と話しかけられた。ザンビアで銅山関係の会社を経営し、一昨日帰国したばかりという彼は私に連絡先の交換を求め、数日後「日本の部品メーカーを紹介してほしい」と電話してきた。別のアフリカ人からは「私の国で制作される映画では、日本人の役を中国人が演じている」とも聞いた。

日本から見るとアフリカはとても遠い国で、旅行にしろビジネスにしろ「アフリカまで行く」という感じだが、中国にいると、実際の距離よりも近い国に感じる。

私の知りうる限りアフリカの人々の多くは、日本に強い好感を抱いているにもかかわらず、関係がより濃密なのは中国だ。

日本企業だってグローバル化の必要性を理解しているし、大学も最近は留学生を増やして国際化を進めているけど、日本語が話せないアフリカ人になんて滅多に会わない。グローバルというけど、実際は地球の半分、あるいは3分の1くらいしか見ていないのかもしれない。

3・11の夜に起きたこと
——無力な自分と留学生の連帯

中国では Facebook やX（旧 Twitter）、YouTube へのアクセスがブロックされている——というのは建前で、アクセス元を偽装するVPNソフトを使えばすり抜けられるというのは、前に書いた通りだ。

2010年代前半は Facebook 全盛期で、中国にいながらも、日本の知人友人たちと近況をシェアし、リアルタイムでメッセージできるようになった。大きな声では言えないけど、寮にいるときはPCから Facebook の画面を開きっぱなしだし、ヤフーニュースで日本のニュースをリアルタイムで把握していた。

Twitter はまだITに明るい一部の人たちのコミュニティにとどまっており、今のような炎上やバズが起きることも少なかった。だから Twitter のアカウントは1年に2、3度ログインする程度だった。

2011年3月11日は、その「1年に2、3度ある日」だった。理由は覚えていないが、午後に寮に戻ってきてＰＣでTwitterの画面を開いた。

はっきり覚えているのは、14時45分すぎ、タイムラインに「揺れた」という投稿が複数流れてきたことだ。東北の人も関東の人も、ほぼ同時にツイートしていた。新聞記者時代に災害の現場に行ったり災害記事を編集したりしていた私はその時点で、相当大きな揺れだったんだろうと想像できた。

しかし「揺れ」は、歴史的な大災害の予兆に過ぎなかった。間もなく津波が発生し、夕方から夜にかけてヤフーのトップニュースが地震のニュースであふれ返った。ニュースの更新頻度や記事の長さなどから、現場が混乱を極めており、これからより大きな被害が報道されるのだろうと察した。

夜になると中国のテレビでも地震の報道が始まり、恐ろしげな音楽とともに津波で家が流される映像が繰り返し流れた。ソウは何が起こっているか理解していなかったし、もしかしたら日本の出来事だとも気づいていなかったかもしれないけど、迫りくる恐怖感で私にすがりついて泣いた。

起きていることはすべて世界とつながっている

その日の夜遅く、赤道ギニア人のミーシー、トルコ人のセレナ、韓国人の金夫妻が部屋を訪ねてきて、「家族は大丈夫か」と心配してくれた。「うちからは遠い場所だから家族は大丈夫……」と返事をするのが精いっぱいだった。

翌日の授業では、先生が見舞いの言葉をかけてくれた。午後には留学生を所管する学院の院長に呼び出され、「困っている日本人学生がいたら教えてほしい」と声を掛けられた。

次の日も、その次の日も、寮内ですれ違う人々から「大丈夫か」と聞かれた。後から知ったことだが、寮にいた多くの留学生の母国が、日本に義援金などを送ってくれていた。

ラオス人留学生が歌う日本のヒット曲

遠い場所から母国の国難を眺めることしかできなかったのは本当につらかったが、同時に、海外にいたからこそ、世界の人々の思いやりにダイレクトにふれ、世界の緩やかなつながりを実感した。

留学生学院の院長は、放射能が中国に来る可能性についてもあれこれ聞いてきた。それから半年ほど、私が日本人であることを知った中国人から「出身はどこだ」と聞かれ続けた。中国人と韓国人が放射能を心配しているのは、物理的近さの裏返しでもあった。

ある日、部屋にいると窓から日本語の歌が聞こえてきた。

声をたどって行くと、ラオス人留学生が徳永英明のヒット曲「最後の言い訳」のサビの部分だけを繰り返し歌っていた。

「いちばん大事なものがいちばん遠くに行く、すべてが思い出になる」というような歌詞の意味をわかって歌っているかは、うかがい知れなかった。私は彼の歌声を震災に重ね合わせて涙を流し、同時に「カルチャーの広がり方って不思議だなあ」とも感じた。彼は1週間以上、毎晩「最後の言い訳」を歌っていた。


あの震災から約10年、新型コロナウイルスという感染症が世界を襲った。緊急事態宣言で一斉休校になったときは、手持ち無沙汰なソウとたくさんの話をし、その昔、クリスマスにおもちゃやお菓子をくれたサンタクロースの正体が、隣室の韓国人や上の階のガボン人だったことを明かした。

ソウは世界各地で感染が広がっているニュースを見ながら、寮で遊んでくれた留学生の名前を挙げて、心配した。

中国の学生寮でのプライバシーもお金もない生活は、「多様な愛と豊かさに包まれた生活」としてソウの記憶に刻まれ、海の向こうで起こっているニュースが決して他人事ではない、同じ地球上のできごとという実感の源になっている。

「チーズはどこに消えた⁉」事件

さまざまな国の人が暮らす留学生寮では小さな事件が毎日のように起きた。

共用部をきれいに使わない人はとても多く、料理が終わったらシンクどころか床まで液体まみれにし、そのまま去っていく留学生もめずらしくなかった。惨状に業を煮やした管理人が、キッチンに「シンクはゴミ箱ではない」「床は灰皿ではない」と貼り紙をした。

大学の中、あるいは周辺には貧乏学生でもお腹いっぱい食べられる店がたくさんあったけど、アフリカ人は自炊する人が多かった。

アフリカ人は料理をするとき、そこが共用キッチンだということをまったく意識していない。午後3時半ごろから準備を始め、わずかな調理設備を5時間ほど独占する。私が先に使っているときは、隣に立ってプレッシャーをかけてくる。

なぜだか知らないが床は必ず水びたしになり、一度滑って転んだら、「気をつけて」と言われた。皮びたしとか玉ねぎびたしのときもあった。初対面からやたらなれなれしかった一回り年下の赤道ギニア人は、私が台所にいると必ず後ろからハグしてくる。大音響で音楽をかけて、体をくねらせながら野菜を切る、料理をしているのか踊っているのかわからないアフリカ人も複数いた。

すぐ盗まれる日本製「計量カップ」

私が使っていた米の計量カップは、他国の人から見れば非常に便利な〝発明品〟だったようで、うっかりキッチンに置き忘れるとすぐに消えた。だから一時帰国のたびに、１００円ショップでストックを買いこんだ。

所有・共用の感覚もまったく違い、水切りのためにちょっと置いているまな板やなべを、勝手に使われるのは日常。４人のアフリカ人女性が、ほぼ私の調理器具を使って同時に料理をしていたこともあった。

共用キッチンのシンク下の戸棚に私物の調理器具を置くと、毎回持ち去られ、全然違う場所（時には違う階のキッチン）で見つかるため、私は戸棚の一角を自分専用にし、開き戸の取っ手に自転車のチェーン鍵を取り付け開けられないようにした。キッチンをよく使う留学生は次々に私の真似をし、戸棚は私を含む数人の留学生に不法占拠された。

それでもちょっと隙を見せると物は消える。ある日、洗って「乾くまで」とキッチンに置いていたフライパンが、わずか数十分目を離した隙に消えた。

こういう場合は誰かに使われていることが多く、その人が料理を終えると何事もなかったかのようにシンクに戻されるのだが、このときは2日経っても出てこなかった。

奨学金暮らしの貧乏留学生にとって、フライパンは安いものではない。私は他の階のキッチンまで捜索に行くほど、一生懸命フライパンの行方を追った。別の留学生が鍵を取り付けて占拠した戸棚のすき間を覗くと、料理が入って蓋をされた私のフライパンが置いてあった。無断で使っただけでなく、タッパー代わりにされていたのだ（常温で戸棚の中に保存することも信じられなかったが）。

フライパンが見当たらないので探していたら、料理が入ったままシンク下の棚にしまわれていた

ある留学生が帰国間際、「これ、ずっと借りてたけど返す」と、数年前に紛失したフライパンを持ってきたこともあった。貸してと言われた覚えはない。

調理器具や皿は無断で使っても元の場所に返せば「ＯＫ」というのが、多様性にあふれた寮の暗黙のルールっぽかったが、時には共用の冷蔵庫に入れていた食材も消える。容器に入った手料理はその国の人でないと味が想像できないので比較的安全だったが、スーパーで調達した調味料や飲料は持ち去られる可能性があり、私も自室に〝隠し持つ〟ようにしていた。

犯人は中国人？　ロシア人？　ドイツ人？

ある日、共同キッチンで料理を作っていると、ドイツ人の女性がやってきて冷蔵庫を開けるなり叫んだ。

「誰！！！　誰！！！　私のチーズを盗んだのは誰！！！」

彼女の手に半月型のチーズが乗っていた。

「中国でチーズはとても高い。60元もしたのに……」

どうやら未開封のチーズを誰かが勝手に開封し、半分に切って食べたか持ち去ったようだ。彼女が怒っているのを見て、私がキッチンに来たとき、自分の皿が床で真っ二つに割れていたのを思い出した。シンクには私の包丁が投げ入れてあった。

点と点が、ドイツ人のチーズで線になった。おそらくチーズ泥棒は私がキッチンに置いていた包丁を使ってチーズを切り分け、私の皿に半分移して持ち去ったのだろう。

となると、私も被害者じゃん。

ドイツ人学生は怒りながら出て行き、数分後に2枚の紙を手に戻ってきた。

まず、「触るな」と書いた紙をチーズに貼り、そして「私のチーズを食べたのは誰？　自分の食べ物を食べなさい」と書いた紙を冷蔵庫の上に置いた。

どちらも英語で書かれていたから、「泥棒がもし中国人だったら、読めないかもよ」と指摘すると、彼女は「関係ない。私は本当に怒っているんだから！」とまくしたてた。


犯人は誰なのか。

留学生寮に出入りする中国人は寮母、管理人、掃除の女性だが、いずれも中高年なので、チーズを持っていくとは考え難い。今でこそイタリアンやおいしいケーキを普通に食べられるが、２０１０年前後の中国はパンやコーヒーも一般的でなく、庶民レベルでの食の西洋化は初期段階だった。価格が高い上に味にくせのあるチーズを食べている中国人は、少なくとも身のまわりにはいなかった。

後日、知り合いの中国人にチーズ泥棒の話をすると、彼女も「中国人はチーズを食べない。泥棒はきっと同じドイツ人だ」と「犯人同胞説」を唱えた。別の日本人は「泥棒はロシア人に違いない。僕が寮生活をしていたとき、ロシア人がルームメートのシャンパンを勝手に開けて、大喧嘩になった」と、自身の経験を基に犯人ロシア人説を主張した。

結局、犯人を突き止めることはできず、事件は迷宮入りした。

ドイツ人学生に後日ばったり会ったとき、「大事なものはベランダに置いておけば」と助言した。大連の冬はマイナス10度に冷えこみ、外が天然の冷凍庫になる。私は韓国人から小型の冷蔵庫を譲り受けるまで、盗られそうな食材は全部ベランダに保管していた。

彼女は「あなたはなんて頭がいいの！　絶対に共用の冷蔵庫に入れたくないものがあるから早速真似するわ」と目を輝かせた。

別のドイツ人に聞いたところ、彼女は部屋にあった瓶ビールを全て外に出したが、中身が凍って膨張し、翌朝すべて割れていたという。自分にも責任があるので神妙な顔で話を聞いたが、「やっぱりドイツ人はビールが好きなのね」と笑いを我慢するのが大変だった。

「俺はアラレちゃんを知っている」ドヤ顔するコンゴ人

ソウの中国での最初の友達は人懐っこいアフリカ人たちだった。隣に住むナイジェリア人は、ソウを見かける度に「シャオポンヨウ（中国語で「坊や」）と叫んだ。

ソウは晩ごはんを食べ終わると、ガボン人やナイジェリア人の部屋に遊びに行く。あるとき、午後10時近くになっても戻ってこないので迎えに行こうとしていたら、ドアが開いてソウが帰ってきた。だけど靴を脱がずに、「みんなに『ちょっと待ってて』と言って戻ってきたから、また行かなきゃ」と告げてまた背を向けた。

私が心配しているかもしれないと思い、居場所を伝えるために一度戻ってきたのだ。

「今、何人で遊んでるの？」

「6人」

「誰がいるの？」

「テレンス（ガボン人）とジュビエル（コンゴ人）とマシュー（ナイジェリア人）とあと

2人、名前知らん。みんな髪も顔も黒い。みんなでテレビ見てる」

アフリカ人たちは英語なりフランス語なりで言葉が通じているのだろうが、日本語しかできないソウがなぜ退屈しないのか不思議でならなかった。

黒人の男性3、4人が共用キッチンで音楽を大音量でかけながら踊っていたとき、私はそこに近づくのを躊躇したが、ソウは彼らとハイタッチして一緒に体を揺らした。

私たちの部屋には日本から持ちこんだ任天堂のゲーム端末があり、ソウは留学生を招き入れ一緒に遊んでいた。料理を作って部屋に戻ったら、大柄な黒人数人とソウがゲームで遊んでいて、1人は私のベッドで寝ていた、ということもあった。ジャマイカ人は「俺は広島と長崎を知っている。理由はわからないが、長崎が好きだ。一度行ってみたい」と熱心に話しかけてきた。そこに割りこんできたコンゴ人が「俺は鳥山明が好きだ」と言うなりカメハメハのポーズをとって、「アラレちゃんだって知っている」とドヤ顔をした。ソウがいなければ、彼らは「ちょっと近寄りがたい怖い人」のままだったかもしれない。

留学生仲間で山登りに行ったときの集合写真を日本の友人に見せると、「アフリカに留学しているみたい」と言われた。たしかに当初は黒人の多さに驚いたが、名前と顔が一致する頃には、その生活が当たり前になっていた。ソウは、「なんで僕だけ黒くないんだろう」と言うくらい、ガボン人のテレンスを筆頭にアフリカの留学生たちに懐いていた。

中国語をまだ話せない頃、ソウはアフリカからの留学生とよく遊んでいた

しかしある時期から、ソウはアフリカ人よりもベトナム人やラオス人の部屋に好んで遊びに行くようになった。アフリカ人のほぼ全員が留学後にゼロから中国語の勉強を始めるのに対し、アジア人は母国の大学で中国語を学んだ人が多かった。ソウが中国語を理解できるようになるにつれ、中国語で会話ができる留学生と過ごす時間が増えていったのだ。小学校で三国志のカードゲームが流行すると、寮でもやりたいソウは中国語がわかる留学生の部屋に行き、一生懸命ルールを説明して遊んでもらった。

何も言わず出て行き、2時間ばかり帰って来なかったときは、「顔が黒くも白くもないお姉ちゃんと昼寝してた」と屈託なく答えた。そのうちそのお姉ちゃんたちが部屋に「アイス食べに行こう」とソウを誘いに来るようになって、ベトナム人のグループだと判明した。

ソウ、別れのつらさを学ぶ

そして中国語に不自由がなくなってもなお、日本人を見たときのテンションの上がり方はすごかった。身ぶり手ぶりを交えながら一生懸命説明しなくても自分の言いたいことが伝わり、面白いことを言えば笑ってくれる同胞は、ストレスフリーで居心地がよかったのだろう。

中国での生活が半年を過ぎたころ、日本人の女子学生2人が入寮した。廊下で2人と知り合ったソウは、学校から帰ってくるとダッシュで彼女たちの部屋に向かった。1日に30分ほどだったが、彼女たちとの交流はソウにとって最大の楽しみになった。

それから10日後、寮内をうろうろしていたソウが部屋に戻ってきて「たくさん荷物がある」と私を玄関に連れて行った。そこには大きなスーツケースがずらりと並んでいた。

「そっか、今日戻るのか……」

中国の大学は夏休み、春休みに短期の語学講座を開講することが多い。私の留学先も例外でなく、ソウが仲良くなった日本人2人は、日本の大学から短期留学で中国語を勉強に来ていたのだった。だから私はスーツケースを見て、彼女たちが帰国するんだと気づいた。

中国語が話せるようになると、ソウは言語でコミュニケーションしやすいベトナムやタイの留学生と遊ぶことが増えた

部屋に戻って1時間ほどすると、車の音が聞こえた。そこで私もようやく、「お姉ちゃんたち今日帰るよ」と教えた。ソウは「え？」と部屋を飛び出して1階に駆け下りたが、ぎりぎりで間に合わず、彼女たちを乗せたバスが出発したところだった。

ソウは遠ざかるバスを泣きながら追いかけ、息を切らして追いかけ、追いつけないとわかって諦めて帰ってきた。それからしばらく、しゃくりあげて泣いていた。

その後も時折、日本人留学生が寮にやってきた。半年以上滞在した人は1人もおらず、短いと2週間、長くて3カ月で去って行った。

2人の女子学生と別れたときにこの世の終わりかと思うくらい泣き叫んだソウも、次第に「日本人は短期間でいなくなる」と学び、寮で日本人を見かけると、まず「いつまでいるの？」と確認するようになった。

どんなに親しい人でもずっと親しいわけではない。転勤族の家庭に育ち、自らも転勤のある会社に勤め、そして会社を辞めて海外に出た私は、所属や住まいが変わるたびに人付き合いもリセットしてきた。寂しくないわけではないけど、自分が選んだ生き方だし、スパッと手放せるのも強みくらいに思っている。ただ、バスを追いかけて走っていたときのソウの必死な表情、今日からお姉ちゃんたちに遊んでもらえないとわかったときの絶望の表情は、15年経った今でも忘れることができない。

第4章
中国語クラスで世界の多様性にふれる

あの頃、ロシア人とウクライナ人は友達だった

ソウを中国に連れていく前、単身で5カ月間留学したとき、夜と週末は英語で行われるMBAのクラスに参加し、午前の空き時間は初学者向け中国語クラスで勉強した。手元に語学クラスの教室で撮った写真がある。インドネシア人のターフィ、アルジェリア人のセリナ、ベラルーシ人のオリヤとアレックス。名前は忘れてしまったが朝青龍が好きだったモンゴル人、ほかにロシア人、チェコ人……。皆、トラのぬいぐるみを手にしている。

たしか12月25日。朝、校舎に入ったら2階にいた職員たちがぬいぐるみを投げつけて来た。中国語の先生が、「クリスマスプレゼントだ。翌年の干支にちなんでトラのぬいぐるみにした」と説明した。当時はクリスマスと正月が一緒に祝われていた、たしか。

大連が位置する東北地方はロシアと国境を接していて、旧ソ連国家とのつながりが強い。最北の黒竜江省にはロシア文化の影響を受けた建築物や食べ物が数多くあり、中国人に人気の観光地になっている。大連の旅順地区は日ロ戦争の激戦地として知られ、市内には小

さいながらロシア街と日本街がある。そして東北地方は北朝鮮とも近いので、韓国と北朝鮮の人々も多く暮らしている。

そんな地理的特性もあり、留学先は韓国と旧ソ連国家の留学生が多かった。私はアフリカだけでなく旧ソ連のこともあまり知らず、その複雑さに頭がこんがらがった。

カザフスタン、ウズベキスタン、タジキスタンといった「～スタン」組は彫りの深い顔立ちが共通していて、留学生のほとんどが男性だった。ベラルーシ人、ウクライナ人にも初めて会った。中国語の初級クラスは自然と英語が共通言語になるが、ベラルーシ、ウクライナ、ロシアの留学生は英語でも中国語でもない言語で仲良くしていたので、近い人たちなんだなと気づいた。

ウクライナ女性の「特技」とは？

留学生クラスにいる外国人は、それぞれの国の1人の国民にすぎない。だけど、私にとってはその国のイメージの重要なパーツになった。ロシアは国費留学生より私費留学生が多く、中国が身近な留学先であるとわかった。彼らは酒盛りが好きで、校外学習で農村見学に行ったときも村の幹部たちとアルコール度数の高い白酒を回し飲みしていた。校外のバーでトラブルを起こして処分されるのも、だいたいロシア人だった。

ウクライナ人のアンナは母国で中国語を学び、日常会話が話せる状態で中国に留学していた。だからか最初から学外の中国人と活発に交流し、いつの間にか中国でモデルの仕事を始め、学校には次第に顔を出さなくなった。

何の話でそうなったのか、アンナは「ウクライナの女性はみんなストリップができる」と言い出し、同級生たちを驚かせた。公衆の面前で披露するわけでなく、夫を喜ばせるためのたしなみだと彼女は説明した。ロシア人留学生に比べるとウクライナ人はとても少なかったので、他のウクライナ人に真偽を確かめる機会はなかった。

漢字好きのベラルーシ人

更新されないFacebookと戦争の影

あれから十数年が経った。ロシアは２０２２年にウクライナに侵攻し、この文章を書いている２０２４年時点でも泥沼の戦争が続いている。

ウクライナ侵攻のニュースを知ったとき、私はとても驚いた。

ベラルーシも含めた３つの国の留学生は同じクラスで授業を受けていて、ロシア語で会話できるぶん、近く見えた。けれどそれは個々人の関係であり、国同士は日韓や日中と同じように、複雑な歴史を抱えていたのだ。

私は毎日一緒に授業を受けていた友人たちの母国のことを何も知らなかったし、学ぼうともしなかったことに、今更ながら気づいた。お互いの部屋をしょっちゅう行き来していたトルコ人のセレナとも、それぞれの国の話をした記憶がない。

困ったことがあると留学生同士で情報交換し、助け合っていたが、中国という国が次々と繰り出してくるクエストをクリアすることに一生懸命で、それぞれのバックグラウンドに関心を持つ余裕もなかった。

あのときのクラスメートの何人かとは、Facebookでつながっている。ウクライナのアンナも、ロシア人の何人かも。皆長い間近況を更新していない。私の知っている範囲の人も皆、変わらず元気でいてほしい。

「一、二、三の次になぜ四なんだ！」非漢字圏留学生の憤怒

言語教育に携わる中国人はよく「日本語は最初が簡単で、だんだん難しくなる。中国語は最初が難しく、だんだん簡単になる」と言っていた。

日本語はアクセントが多少不正確でも、全体の文脈で意味が通じる。また、最初に五十音を覚えれば、読み書きでも最低限のコミュニケーションができる。だから初学者のハードルは低いが、平仮名の次の段階のカタカナでつまずく人が出てきて、漢字、そして敬語と進むうちに多くの人が混乱し、時に拒否反応を見せるようになる。漢字には複数の読み方があるし、敬語を学び始めた人は何でも「お」をつけて乗り切ろうとするが、「ふくろ」に「お」をつけると全然別の意味になってしまうなど、一筋縄ではいかない。

語学能力を示す指標である「日常会話レベル」と「ビジネスレベル」は、英語や中国語の場合は語彙の豊富さや会話の流暢さの差と言えるが、日本語の「ビジネスレベル」は、言語運用能力を超えて、おじぎの角度、ホウレンソウといったマナー習得まで求められる。

中国語には「し」「ち」「ん」の音が2種類ある

中国語は、文法はそう難しくない気がする。時制はそこまで厳密でなく、多少間違えてもどうってことはない。敬語もシンプルだ。ちなみに、お互い知っているなら上司や目上の人の名前を呼ぶときに敬称をつける必要はない。「習近平」も例外でない。

中国語を学ぶうえで最も難しいのは発音だ。中国人が言うので間違いないだろう。たとえば「し」「ち」「ん」の音が中国語だと2種類あって、舌の動きで微妙に変化させる。私はいまだに聞き分けができないが、中国人が聞くと「全然違う」らしい。また、一つひとつの漢字に一声（抑揚なし）、二声（上げる）、三声（下げて上げる）、四声（下げる）と四種類の「声調」がついており、正確に発音しないとまったく通じなくなる。

私も含めて日本人は「二声」と「三声」の区別が苦手な人が多いが、ロシア人は発声しながら音を下げていく四声にてこずるというように、母語によって難所も違う。

ベラルーシ人のアレックスは何度練習しても四声が正しく発音できず、先生は彼を立たせて、彼の肩を押さえて「マー（↓）」と言いながら座らせるなど、体で覚えさせようと試行錯誤していた。

全体で見れば、日本人と韓国人は漢字がわかるので、他の国の人に比べるとだいぶ有利だった。非漢字圏の人にとっては、数字1つとっても「一、二、三」までは簡単なのに、「四」以降はまったく法則性がなくなるので、習得するのにだいぶ時間がかかっていた。漢字で書かれた棟や部屋の番号を読めずに、寮の自室に帰れなくなる人も続出した。モンゴル人は「双子」を、「又又子」と書いて教師を爆笑させた。

「日本では99歳を白と言うだろ?」

四声が苦手なアレックスは漢字に並々ならぬ興味を持ち、基本的な発声もままならないのに難しい言葉をどこかで調べてきては、教師に質問する。でも私たちの中国語は日常会話レベルにも達していないし、英語もそんなにできるわけじゃないので、質問のたびに授業が止まって、先生が「それはまだ先の話だから」と切り上げるのがお決まりのパターンだった。

そんな中でもアレックスの興味はどんどん広がっていって、ついには日本語にも関心を持つようになった。ある日、私の席にやってきて「日本では、99歳を白と言うだろ?」と言い出したのだ。

「99歳を白って、どういうこと?」

彼が何を言いたいのかわからなかった私は「99歳は99歳だ」と答えたが、アレックスは「じゃあ、漢字で100と書いてみろ」とノートを開いた。

言われるままに「百」と書くと、アレックスが字の上部を紙きれで隠した。

「ほら、白になる」

ん？　だから何？

互いの中途半端な英語と、2歳児レベルの中国語で質問と説明を繰り返して、「百から上の横棒を取ったら白になる」、つまり「100－1＝99」で、アレックス的には「99＝白」となることがやっとわかった。「一＋一は田んぼの田」的ななぞなぞだが、途中から教師も加わり、「本当だ、アレックス、これは大発見だね」と笑っていた。

ここまで読んでお気づきの方もいるかもしれないが、99歳を祝う「白寿」の由来を調べると「百から一を取ると白になることから、99歳を白寿と呼ぶようになった」とある。還暦はわかるが、喜寿とか傘寿とかこの辺はごちゃまぜで、何歳のお祝いなのかも知らなかった私は、漢字好きのベラルーシ人のなぞなぞによって白寿にそんな意味があることを学んだのだった。

漢字は実に奥が深い。私たちの祖先はよくもまあこんなに複雑な文字を発明し、組み合わせ、普及させたものである。

日本は世界に「憧れられ」「信頼され」ている？

高校時代の得意科目は日本史と古文、社会人になってからは目先の仕事に追われっぱなしで、日本の外の世界に興味を持たないまま30代に突入した私にとって、多国籍の留学生が集まる中国語クラスは、世界の存在を教科書やニュースでなく、肌で感じる初めての機会でもあった。

「有名」という中国語がテキストに出てくると、教師が「あなたの国で有名なものを挙げてください」と1人ずつあてていった。

私は「富士山」と答えた。昔アメリカを旅行したとき、現地の男性が私を日本人だと知ると「オキナワ、カラテ、ホッカイドウ、フジサン！」と叫んだのが妙に印象に残っていて、この4つの中では富士山が一番どの国でも知られていると思ったからだ。

思った通りタイ人が「おお、フジサン！」、インドネシア人も「フジ！フジ！」、ベラルーシ人だって「フジヤマー！」と反応してくれて、富士山ってエッフェル塔とか万里の長城レベルの知名度があるんだなと嬉しくなった。

他の生徒たちも次々に答えていく。

ドイツ人はビール（やっぱり）。

タイ人は象。

インドネシア人はバリ島。

アルジェリア人は少し考えて、「石油」と言った。

そしてロシア人。「絶対ウオッカだろう」と思ったが、「じゃがいも!!!!」と断言した。隣に座っていたベラルーシ人が「私の国もじゃがいも！」と続いた。

最大勢力のロシア勢（ベラルーシ人含む）はそれから延々とじゃがいも談議を始めた。クラス全員が中国語初級レベルのため、言葉よりも身ぶり手ぶりを交えながらだが、なんとなく伝わった。

「買い物に行ったらじゃがいもを40キロ

語学クラスでは私（前列真ん中）は先生（2列目左から3番目）より年上で最年長だった

買って、かついで帰るんだ」

「とても重い（ひきずって歩くジェスチャー）。でも、年に1人400キロ食べるから」

「じゃがいもなしの生活は考えられないわ」

いや、主食とか必需品ではなく、その国の有名なものを教えてほしい、と教師が言っても2人は「じゃがいもに決まっている」と譲らない。ふと周囲の空気に気づいたロシア人の1人が妥協して「美女」と答えを変えた。

「ジョブ　イズ　ライフ」な国、日本

富士山以外にも、日本には国際的に有名なものがたくさんある。氷河期世代の私は長いデフレや国力の低下、そして周辺国の成長で日本の先行きを悲観してしまうが、グローバルの環境に身を置いてみると、日本が「憧れられ」「信頼され」ていることがよくわかった。海外の社会人にとって日本人は「ザ・勤勉」だった。私も中国にいる間ずっと「日本人は勤勉ですね」と言われ続けたし、外国企業で日本人は「勤勉枠」として採用されている感もあった。

多国籍企業を渡り歩いた中国人は、「日本人はジョブ　イズ　ライフ」とその印象を表現した。中国語クラスの先生も、「聞くところによると、日本人はずっと仕事をしているら

しいが本当か？」と質問してきた。日本の食文化やテクノロジーは、多くの外国人にとって「一度は体験してみたい」ものだった。

寿司マニアのベルギー人・マーチンについて

寮で同じ階に住んでいたベルギー人男性・マーチンとは、共用キッチンで知り合って以来、部屋の前で立ち話をするようになった。私と彼が他の留学生よりも共通の話題が多かったのは、2人とも社会人経験のある30代（正確な年齢は知らなかったが、30前後に見えた）だったからだろう。30代の留学生は「母国の仕事を辞め一念発起して中国に来た」という人が多く、自然と距離が近くなった。

ある金曜日の夜9時すぎ、ノックの音がして、ドアを開けるとマーチンが立っていた。

「大学の北門に日本食の店があるって言ったの、君だっけ？」

いや、知らない、と答えると、「あれ？　誰が教えてくれたんだろう」と腕を組んで考え始めた。

彼は日本食、より正確に言えば寿司マニアだった。

初対面のあいさつから「日本食が好き」と言っていたが、私が日本人だからリップサービスもあるのだろうと、気に留めてなかった。ところがどっこい、このベルギー人は筋金入りだった。大連には寿司を出す店が多くあり、彼は週末の寿司屋めぐりのため、情報収集がてら金曜日に私の部屋に来るようになったのだ。実際には大連の日本料理店に関しては彼のほうがはるかに多くの知識を持っていて、私はまったく役立たずだったが。

毎週立ち話をしているうちに、マーチンのパーソナリティも徐々にわかってきた。

- ベルギーでエンジニアとして働いており、今は休職中。1学期だけ語学留学に来た
- 彼女は中国人で、ロシア人は好きじゃない
- 今の仕事を辞め、中国で英語の先生をしようと考えている

中国人の彼女と寿司を食べ歩いているようだが、ネタを細かくチェックする姿に彼女はほとんど呆れているという。

寿司トークを通じてかなり親しくなった頃、学内イベントで少し遠い場所にマーチンを見つけた。彼は人をかき分けて私のところにやってきて、「君が教えてくれた寿司屋に昨日行ったよ」とだけ言って、また戻ろうとした。

私は思わず「I have a question」と引き留めた。「May I have your name?（名前を教えて）」。彼は「I also want to know your name（僕も知りたいと思っていた）」と笑った。

いつも通りすがり、あるいはドアの前で2人で立ち話をしていたから、名前を知らなくても会話が成立していた。が、人が大勢いる中で彼を見つけたとき、呼びかけようとしてはっと「名前を知らない」と気づいた。彼も同じだった。

改めて自己紹介をして間もなく、彼も私も帰国した。2人とも会社を休職して、1学期だけ中国に留学していたからだ。彼とはそれっきりになった。スマホやSNSが登場する以前の留学や海外旅行は、一期一会そのものだった。

いや、その後、一度だけ彼を見かけた。

私は半年後、政府奨学金に合格して、ソウを連れて再び大連に戻ってきた。最初の留学先とは違う大学に進学することになったが、生活圏はあまり変わらなかった。

ある日、ソウと2人で外を歩いていると、通りの向こうにベルギーに帰国したはずのマーチンと女性が寄り添って歩いているのを見かけた。白人は目立つのですぐにわかった。大声で彼の名を呼んだけど車のクラクションにかき消された。

母国の仕事を辞めて中国に本格的に移住したのかな、思い切ったなあ、と遠ざかっていく2人の後ろ姿を見送った。近くに住んでいるみたいだし、また会えるだろうと思っていたが、結局それが最後になった。「マーチン」は後から私がつけた名前で、一度だけ聞いた彼の本当の名前は、もう思い出せない。

むき出しの格差社会
——屋根裏に暮らしていたソウの友達のこと

ソウと中国に来て間もない頃、毎日のように寮を訪ねてきた幼い兄妹がいた。年齢は5歳と3歳（たぶん）。言葉が通じないのもまったく気にせず、ソウを誘って一緒にボール遊びなどをしていた。

3人が遊んでいるのを見ながら、この子たちはどこから来ているのか、親はどこで何をしているのか不思議に思っていた。

ソウが兄妹の家に遊びに行くこともあったが、「屋根裏みたいなところに住んでいた」「家なのかよくわからなかった」という。彼らが住んでいる空間には、外で拾い集めたらしい家具や雑貨が多くあったそうで、ソウはそれ以来、外で見つけたいろんなガラクタを「まだ使える」と持ち帰るようになった。

3カ月ほど経つと、幼い兄妹はぱたりと姿を見せなくなった。当時は私もソウも幼児と意思疎通できるほど中国語ができなかったので、おぼろげな理解ではあるが、あの子たちの父は一時的に大学で働いていた作業員で、キャンパス内の使われていない部屋を間借りしていたようだ。もしかしたら、地方から出稼ぎに来ていた農民工だったのかもしれない。

大学の広い敷地には既得権益を利用して？住みついていただろう人々が結構いた。

元学長の「持ち家」もあったし、ソウの小学校の同級生の親は大学の敷地内で理容室を経営し、そこに住んでもいた。髪を切った後に住居スペースに入れてもらったソウは、そのときも「家だかわからなかった」と説明した。

正規の手続きを踏んでスペースを借りているのかそうでないのか、はっきりしない住人が常に周囲にいた。

中国に来たばかりのソウの遊び相手になってくれた幼い男の子。しばらくすると引っ越したのか、ぱたりと姿を見なくなった

物乞いとパフォーマーは何が違うのか。試される母

境界がわかりにくいのは中国あるあるで、物乞いとストリートパフォーマーの区別も難しかった。

タクシーに乗っていると、信号待ちの間に空き缶を手に近づいてくる人たちがいた。彼らは間違いなく物乞いだが、大学からスーパーに行く道の途中にいつもいる、楽器を演奏してお金をもらう老人はパフォーマーなのか物乞いなのか、わからずじまいだった。着ているものはよれよれだが、演奏はすばらしかった。

中国最北の黒竜江省に旅行したとき、マイナス30度の極寒の野外で、上半身裸で物乞いする男性に遭遇した。肌が真っ赤に染まり、刺すような空気に耐えながら座っているその姿を見て、「これは単なる物乞いでなく、芸を見せている」ように感じた。

今の日本では物乞いを見かけることが少ないので、ソウの目にはどの人も大道芸人や演奏家に映るようだった。

ある日、ソウがお気に入りのヨーヨーと空き缶を用意して靴を履き始めた。

「これでお金をもらってくる」

私は慌てて止めた。でも「なんでだめなの?」と聞かれて、うまく答えることができな

かった。

ソウが「芸」を見せて投げ銭を得ようとしているなら、彼のヨーヨーはお金をもらえる水準には達していないし、物乞いならシンプルにやめてほしい。

それを幼いソウに説明しようとすると、うまく言葉が出てこない。

その少し前から、ソウは路上で物乞いを見かけると「お金をあげたい」と言うようになった。けれど、留学先の教師たちは、「障がい者を見せ物にして金を稼ぐ悪い人もいる」「あの人たちにお金をあげても、あの人たちが受け取るわけではない」と留学生に説明した。そうかもしれないとも思うし、あの人たちは本当に働く手段がなくて困っているのかもしれない。

物乞いとパフォーマーの違い、そして物乞いにお金をあげることの是非。それは私の中でも明確に言語化できないことだった。ギターボックスを前に置いて、ギターを弾いている人はストリートパフォーマーだけど、大学の近くの雑踏で夕方、胡弓《こきゅう》を弾いている老人は果たしてどちらなのか。

実は日本でも、あいまいなものはあちこちに存在する。ネットカフェ難民とホームレスは何が違うのか。売春と援助交際、パパ活はどう考えても地続きだが言葉が違う。

ただ、日本ではあいまいでグレーなものは、普通の生活を送っている大人の目には入ってきにくい。小さな子どもが「なぜ？」と気にする機会もほとんどない。

中国はいろいろな格差がむき出しになって、私たちの視界に入ってくる。大人は目に入っても見えないふりをするが、真っ白な子どもは知らない動物や乗り物、肌の色が違う人を見たときと同じように、「あれは何？」と無邪気に聞いてくる。

戸惑ったり躊躇したりするたびに、私自身が社会とソウに試されているような気持ちだった。

寮は僕の庭――物置でキャンドルナイト

留学生寮での生活が1年半を過ぎた頃、私とソウは「日本人の主」になった。住んでいる寮は2人部屋が中心で、学位を取るために政府や省の奨学金で学んでいる長期留学生がほとんどだったが、空き部屋があるときは短期留学生が滞在し、また、追加料金を払って2人部屋を1人で使う語学留学生も時々いた。そんなリッチでプライバシー意識の高い留学生の大半は日本人だった。

彼らの滞在期間は短くて数週間、長くても1学期。1年以上ここにいる日本人は私たちだけだったので、寮の管理人は新入りの日本人に、私たちの部屋を訪ねるよう指示した。

私たちは日本人留学生に便利なお店やバスの乗り方、インターネットのアクセスの方法、時にはウォシュレットがついている市内のトイレスポットなど、ライフハック術をシェアした。

ソウも8歳になる頃には、新入り日本人の質問にあらかた答えられるくらい大連の生活になじんでいた。中国語の能力は私をとうに追い越して、現地のバラエティ番組を見てげらげら笑うレベルに達していた。

寮の各部屋にどんな住人がいるのか、どこなら勝手に使っていいのか、そういったことも、ソウが一番詳しかったはずだ。

7月のある夜、ソウがイケアで調達したアロマキャンドルを持ってきて、「今日はキャンドルナイトをしよう。秘密の場所があるから」と提案した。

ソウは部屋を出て階段を上がり、鍵のかかってない物置の扉を開けた。こんな小部屋があるなんて、私は知らなかった。ソウはドアを閉め、慣れた様子で奥のほうから椅子を引っ張り出してテーブルの両側に配置し、キャンドルに火をつけた。

キャンドルの揺れる炎の向こうに、ソウの神妙な顔が見える。私は吹き出すのを必死に

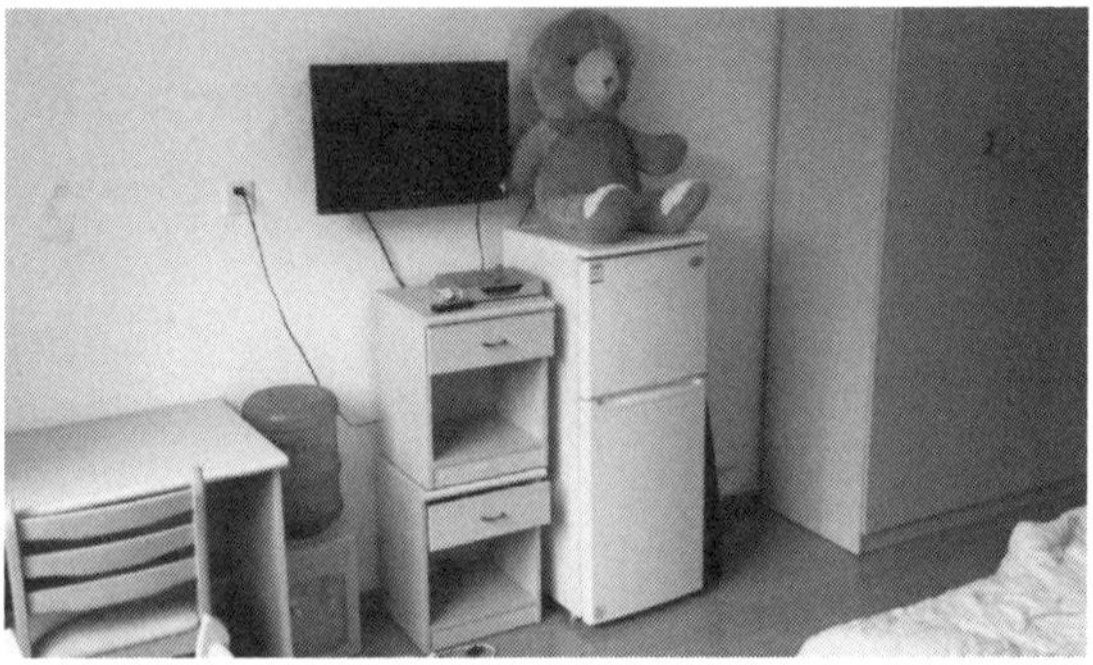

留学生寮の自室。冷蔵庫の上の熊は、知らない留学生が突然部屋にやってきて、「子どもに」とくれた

こらえた。「何がキャンドルナイトだよ！」と思っていることは、おくびにも出さない。男はロマンチストだからね。

真剣な面持ちで続けられるいくつかの問い

ソウは神妙な表情のまま、質問その1を投げかけてきた。

「なぜ、僕を中国に連れてきたの？」

来た。これまで100回くらい聞かれただろう。当初は本当に真剣な質問だったが、最近は妙に儀式化しつつある。内心「またかよ」と思ったが、おくびにも出さない。だってキャンドルナイトだから。

「ソウ君ともっと一緒にすごしたかったからよ」とかなんとか、いつも通り答えてあげる。本心なんだけど、100回も答えていると、うそっぽく響くのが悲しい。

質問その2。

「なんでママは、会社を辞めたの？」

これも何度も聞かれた。

「子どもが小さいうちは、母親は家にいるべき」「共働きの家庭で育ったから、子どもはずっとさびしい思いをしていた」といった意見、体験談が世の中にはたくさんあるが、ソウはやたらと私を働きに行かせたがる。

冬の帰省時に、デパートで1週間のバイト（年齢的にパートと言うところ？）をしたときも、「よかったね、給料いくら？」と大喜びだったし、私がTバックのショーツを穿いていると、「なんでパンツにお尻のところないの？　お金ないの？」と聞いてくる。彼は家計を心配し続けている。

次の質問は「なんでおままはおっぱいがしょぼいの？」。

そうくるか……。来世では、巨乳の母の元に生まれ落ちなさい。

さらに次の質問。次の質問、と繰り出してきて、私が答えようと息を吸うとソウが突然遮った。

「ちょっとごめん。ここで待ってて。僕うんこ行ってくるから」

いやいや、待ちませんよ。もう10時ですわ。吸った息を火に吹きかけて、今日のキャンドルナイトは終わり。

ソウ、中国生活間もなく2年、9歳を1カ月後に控えた夏の出来事だった。

第5章

日本では犯罪、中国では商才

——ソウ、ダブルスタンダードを習得する

偽ミッキーが子どもの夢をぶち壊す
——中国の「こどもの日」

中国のこどもの日は6月1日。女性の日（3月8日）や教師の日（9月10日）のような扱いで、祝日ではないが、該当する人は何らかの特典を受けられたり、さまざまなイベントが催されたりする。

ちなみに日本は5月5日が「こどもの日」で、「端午の節句」とも言われるが、中国は6月1日のこどもの日と、同月中下旬の「端午節」という祝日はまったく別物である。端午の節句の源流は中国にあり、日本に伝来していつの間にか「こどもの日」の意味合いも加わったようだ。日本と中国の間には伝来してローカル化したものがたくさんある。

中国のこどもの日は平日なので、前後の土日にイベントが行われることが多い。ソウが9歳のとき、ホテルのレストランが「こどもの日」特別ビュッフェとイベントを実施すると聞いて連れて行った。この頃になると、私も留学の傍ら仕事を始め、懐に余裕ができていた。えっへん。

ひと通りごはんを食べた後、子どもたちは一カ所に集まって風船割りなどゲームに興じた。会場にはミッキーマウスも来場して、場を盛り上げている。

偽ミッキー、暑さに負ける

ん？　ミッキーマウスがこんなところにいていいの？　よく見ると私の記憶にあるミッキーやミニーマウスとはなんとなく顔が違う。ディズニーの許可を得ている……わけないが、子どもたちが楽しいならいいかと見守っていると、ミッキー（偽）の中の人が暑かったのか、突然かぶりものを脱いだ。

現れたのは、たぶんホテルの従業員。ここに至って気づいたが、首から下のタキシード姿は、レストランの男性従業員と同じ格好だった。着ぐるみですらないやんけ。

イベントが終わると、ホテルの従業員たちがミッキーやミニーの頭部を膝の上に置いて記念撮影をしている。

中国のこどもの日は、「大人への階段を上らせる日」なのか？

気にせず思い思いに遊ぶ子どもたちを横目に、私は一人、見てはいけないものを見た気分で気まずかった。

中国が偽物大国であることは世界中で知られているが、6年間で出合った偽キャラクターは数えきれない。

ものすごくスリムなドラえもん、ひげの位置と青・白のバランスが不自然なドラえもん、スーパーマリオとピカチュウを合体させた「マリチュウ」。

邪魔になったのか、途中でかぶりものを脱いでしまった2人。なぜか写真撮影に使われていた

そういえば大連市の郊外にある遊園地も、福岡にあったスペースワールドという遊園地をオマージュしたと聞いたことがある。

「スペースワールドを気に入った中国人が、同じものを大連につくってほしいと運営会社に持ちかけたんだけど、断られたから勝手に似たものをつくっちゃったんだよ」

と、福岡で働いていた中国人が話していた。本当なのかどうか、本当ならどの程度模倣しているのか見てみたいと思っていたが、「本家」の日本の施設は閉園してしまった。大連にある遊園地は、コロナ禍も乗り越え今も元気に営業中だという。

ものすごくスリムなドラえもんに似た新キャラクター

漢字は同じなのに中身は真逆、日本と中国の「調整文化」

12月になると日本の書店や文具コーナーにどどーんと手帳コーナーが現れる。最近はスマホを手帳代わりにする人も増えたが、いずれにせよ日本は確固たる手帳文化を持っている。

中国では手帳を使っている中国人をあまり見なかった。持っていたとしても、そんなに書きこむことがない。何でも直前にしか決まらないし、予定が当日にひっくり返ることがざらだから、スケジュール管理という概念が育たなかったのかもしれない。

スケジュールをめぐる日本と中国の感覚の違いに気づいたのは、中国で暮らし始めて1年経った頃だ。

「〇日は空いてる？　飲み会があるんだけど」

こう声をかけたとき、日本人はまず「予定を確認します」と言い、かなりの確率で「調整します」とも言う。今だとスケジュール調整ツールを使って、複数の候補日から参加できる人が最も多い日を選ぶのがスタンダードになっている。「調整します」は「いただきます」くらいの決まり文句だ。

中国人に同じように、「○日は空いてる？　飲み会があるんだけど」ことを聞いたら、たいていの人は「行く」と即答する。たとえその日に別の予定が入ってても、聞かれたときには覚えていないので「行く」と答え、当日になって、複数の予定から行きたいものに行く。「行く」というのは、「日程を了解した」くらいの意味合いだ。

「事前申し込み」という概念がない

日本のある大学が、中国・大連市で入学説明会を開いたときのこと。チラシには「参加者はメールで申し込みを」と記載したが、前日になっても申込者は2人のみ。担当者は不安になって私に「今から知り合いに声かけられない？」と相談してきたが、私は「事前に申し込みをするという概念がこっちはあまりないですから。申し込みしても来るとは限らないし」と答えた。そして当日、会場には60人がやって来て、椅子が足りなくなった。

何でもぎりぎりで間にあうと思っているので、留学先の教授に「明日から日本に出張だから、通訳としてついてきて」と依頼されたこともある。その時点で教授はチケットすら買っていなかったという話を、日本の大学の日本人教授にすると、「あー、だから国際的な学会で、中国人のドタキャンが多いのかな」と合点がいったようだった。中国人は中国人で、海外に行って初めて「事前調整」文化を知るようで、イギリスに留学した中国人の先生は、「中国って何かあるとアポも取らずにオープン・ザ・ドアだけど、海外ではそれが当たり前ではないのがよくわかった」と笑っていた。

集合写真撮影の連絡が来るのは当日

ソウの通う小学校の終業式が直前までわからないのには、毎年本当に困った。私たち母子は長期休暇の間に帰国するので、飛行機のチケットはなるだけ早く予約したい。しかし教師や保護者に「いつから冬休み？」と聞いても、ほぼ全員が「だいたい……」「たぶん」と前置きして自分の予想を話す。保護者夫婦の予測が割れることすらある。夏休みや冬休みの日程がわかるのは、だいたい20日前だった。しかもそれが、土壇場で変わることもあった。

ソウが日本に完全帰国する年は、終業式でお別れ会をしてくれるというので、日にちが決まるまで航空券の予約を待った。にもかかわらず、終業式前日に担任教師から「外部の研修と重なるので、終業式は2日後にずらします」とメッセージが来た。なぜぎりぎりまで気づかないのだろうか。結局その年、息子は終業式に出ず帰国した。

留学生クラスで何かの記念式典と球技大会がかぶったときは、球技大会担当の教師が式典に出席するために寮から出てきた留学生のうち、体格のいい人だけを「あんたはこっち」と球技大会に引き抜いていった。なぜ前日、当日になるまでブッキングに気づかないのか不思議だった。

一事が万事そんな感じで、もうそれだけで本が1冊書けそうなくらい振り回された。小学校の運動会なら3日前、大学の運動会は当日にならないと自分の出る種目がわからないし、予定通りに進まないと途中の競技がいくつかカットされたりする。集合写真撮影の連絡が来るのは当日朝。それでも不思議なことに、みんなちゃんと参加する。出かけてても引き返し、「こんな服で写りたくなかった」と文句を言いながら笑顔で写真に納まる。予定がかぶったら最も重要なものに行き、ほかはドタキャンすればいい。そうやって社会が回っていることにみんな慣れている。

2週間前に約束をしても、半々くらいの確率で忘れられる。みんな手帳に記したりしないのだから。だから私も予定が決まっていても、ぎりぎりにしか連絡しなくなった。中国に最初に留学したときに、前日まで時間割がわからず超イライラしたが、後になるとそんなの序の口だとわかった。時間割が出たところで、授業が始まったら先生同士、あるいは学生と先生の交渉でどんどん組み替えられていき、1カ月もすると7割くらいの授業が移動している。事前に出るのは、たたき台に過ぎなかった。

果たしてどちらが合理的か

ドタキャンバンザイ、事後調整文化は慣れると非常にフレキシブルで、いつの間にか私もそっち側の人間になってしまった。日本に帰国してしばらくは、待ち合わせの日にちを何度か間違えた。会食の日を勘違いして1日早くレストランに行き、席に座った後に「間違えました」とも言えず、1人で高い料理を食べたこともある。

中国生活を終えて日本で生活していた2017年秋、私は日本の教科書を編集する仕事で中国に出張した。航空券を予約して、1年前まで勤務していた大学の同僚に「来週行くよ」と連絡すると、「だったらうちで講義やらない？　そしたらゲスト講師扱いで、航空券代とホテル代分の謝礼を出すよ」と言われ、二つ返事で引き受けた。指定された講義日まで1週間しかなく、慌てて90分ぶんのパワーポイントをつくることにはなったが。

講義の日、目の前にいる学生たちに「みんな、この講義があると知らされたのはいつ？」と聞いた。一番前の席の学生が「おとといです」と答えた。

私は学生たちに言った。

「私が中国に来たのは、3年後の2020年に出版される日本の教科書の取材のためです。信じられないでしょうけど、日本と中国の時間軸はそれくらい違う。あなたたちの先輩たちの多くが、日本に留学して就職活動をしようとするけど、腰を上げたときにはエントリーがほとんど終わってる。戦わずして負けることにならないよう、日本では早すぎるくらい早く動いてね」

「調整」という言葉は、日本と中国の両国に存在し、どちらでも日常的に使われる。けれど、日本語のそれは「事前」調整であることがほとんどなのに対し、中国では何かトラブルが起こったあとの「事後」調整で、日本人から見ればほとんど「修正」「帳尻合わせ」だ。

事前の調整（根回し）に時間がかかりすぎ、実行されるときには時すでに遅しの感がある日本と、昨日まで白だったことが突然黒になる中国。足して2で割ればちょうどいいのに、と思うが、そうなったら日本は日本でなく、中国も中国ではないのかもしれない。

当たりの存在しないくじ――日本では犯罪、中国では商才

留学生寮生活にすっかり慣れたある日、冷蔵庫の余りもので大量の炊きこみごはんを作った。私は残ったごはんを翌日の昼食にするつもりだったが、ソウはどんぶりによそい、「おすそわけしてくる」と出て行った。そして10分後、トイレットペーパー6ロールを手に戻ってきた。さらにお茶碗にごはんをよそって出て行き、今度は未使用の箱ティッシュを持って帰ってきた。

トイレットペーパーはちょうど切れていたので、ごはんと引き換えに手に入ってとても得した気分だったが、ソウが「いやあ、これはいい商売だよ」とほくほくしているのを見て、こういう才覚はどこから生まれるのだろうと興味を持った。

日本経済新聞の名物連載「私の履歴書」にも、子ども時代に商売っぽいことをやって家計を助けたり、同級生相手に金を稼いで親や先生に怒られたりするなどのエピソードがよく出てくるが、今の日本ではあまり聞かない。一方、中国人は息を吸うように金儲けの機

会を探している。

商機を探す習慣

２０１０年代に日本に留学した中国人のほとんどがやっていた副業が「代購」、簡単に言えば転売ヤーだ。中国人の所得が上がり、海外製品を〝爆買い〟するようになると、海外に住んでいる中国人は一斉に転売ヤーになった。留学生たちは日本に着くとまずネットショップを開設し、自身のＳＮＳで「仕入れたもの」「仕入れられるもの」を宣伝する。注文が入ると手数料を上乗せした価格を受け取って、発送する。

小学校の前では、登下校の時間に文房具を売る人がいた。商売は常に近くにあった

ドラッグストアや家電量販店で購入したものを、自身の利益を上乗せして転売し、郵便局から発送するという非常に原始的なビジネスモデルなのだが、中国政府が個人輸入に関する法律を見直すくらい広がった。学生転売ヤーがものを売るのはＳＮＳでつながっているリアルな友達なのに、１００円ショップで買ったコスメを１０００円で転売したりして

いて、DNAの違いをまざまざと感じた。

いや、DNAというより環境なのかもしれないと、中国で暮らしているうちにどんどん商魂たくましくなっていくソウを見て思った。

ソウ10歳の夏、小学校でフリーマーケットと縁日を足して2で割ったようなイベントがあった。ソウは夕方、本を何冊も抱えて帰って来た。聞くと、家からペンを2本持って行って、物々交換で少しずつものをグレードアップし、最後に自分が気に入っていた漫画のシリーズ一式に換えたという。

そこまでは私も感心した。だが、ソウはこの体験で味を占め、どんどんあこぎになっていった。

ソウの商売のからくり

次の縁日イベントの日、ソウはお手製のくじ引きを作って行った。

番号を書いた小さな紙に糸をつけ、紙の部分を中身の見えない箱に入れる。糸を3本引いて現れた数字の組み合わせが、1等賞から3等賞に該当すれば賞品がもらえるという設計になっていた。

縁日の後、「いやー、儲かった儲かった」とご機嫌で帰ってきたソウは、テーブルに小銭をじゃらじゃらと出した。お札もちらほら、合わせて50元くらいあっただろうか。日本食のレストランで、ちょっといい定食が食べられるお金だ。

「このお金どうしたの？」と聞くと、ソウは「くじ引きで儲けた」という。

「え？　本物のお金でやってたの？」

だいぶ中国マインドが身についていたとはいえ、根本はしっかり日本人の私は慌てた。小学校のイベントなのに現金でやりとりするなんて、生きた金銭教育と言えなくもないけど、怖いよー。

ソウはさらに恐ろしいことを言った。

「当たりは1人も出なかった」

え、えーーーー。

10歳のソウがどのくらい計算ずくだったのかはわからないが、当たりの出る確率をエクセル

「当たりが1人も出なかった」ソウ手作りのくじ引き

で計算してみると、1000分の3しかない。ソウは家からゲーム機を持ち出して、1等の賞品として子どもたちを釣り、1回5元でくじを引かせていた。中には何回も挑戦する子どももいたという。

ちょうどその頃、日本では高級ゲーム機の賞品で客を釣って当たりの存在しないくじを引かせていた露天商が詐欺容疑で逮捕され、ニュースになっていた。ソウのやっていることと、日本ではほぼ犯罪じゃん。

私はソウに「商売は、相手も自分も幸せにならないと続かないよ」と、「買い手よし、売り手よし、世間よし」を理念としていた日本の近江商人の話をした。賞品を掲示しているのに、当たりを出さないで、お金だけもらうのは良くないことだと諭し、儲けたお金の一部で、次の縁日の賞品を準備するよう言い聞かせた。

翌日夕方、託児所にソウを迎えに行くと、先生たちが私を見るなり「縁日の話聞いたよ。ソウはほんと賢いね」「将来金持ちになるよ」と口々に褒めてくれた。

え……。

私が昨日ソウを説教したのに、中国の託児所では賞賛されている。近江商人の理念はここでは通じないのか。

先生に褒められたソウは、私に遠慮しつつも嬉しそうにしていた。

商売に多少の図々しさ、交渉力は必要だけど、日本でそれやったら「賢い」じゃなくて「ずるい」となるんだよ。その点だけは日中でダブルスタンダードを持つのではなく、日本基準に合わせてほしいと、平凡な日本人の私は願ったのだった。

「下校途中に立ちション」がスタンダード？

言葉にかかわる仕事をしているからか、ソウが初めて言葉を発した日から、子どもの言語習得の過程を興味を持って観察するようになった。ソウは目の前のものと、周囲の大人が話していることを関連付けて言葉を覚え、試し、修正していく。ヤクルトのことは「ごほうび」、実家の弟がこっそりやっていたゲーム機は「ひみつ」と呼んでいた。

ソウが5歳の頃、ブラジャーを「おっぱいのふた」と呼んだ。その名前を知らなくても、知っている言葉を組み合わせ概念や機能を伝えられるようになった姿に、人としての進化を感じずにはいられなかった。

同じころ、ソウは「かんぱーい」と叫びながらぶつかってくるようになった。大人がグラスをぶつけて「かんぱーい」と言っているのを見て、何かをぶつけるときに使う言葉だと認識したようだ。

私たちが学校で外国語を学ぶときは、基本的な文字の読み方から入り、単語を覚え、文法を頭に入れて、「習ったもの」で会話や文章を作っていく。効率的ではあるけど、観察や試行錯誤を十分にやらなかったぶん、言葉と自分が融合していないから、ネイティブのように使いこなせないのだとわかった。

ソウが中国で最初に覚えた中国語は、「待って」というような人を呼び止める言葉だった。レストランで注文するとき、バスを止めるとき、詳細は身ぶり手ぶりでなんとかなるが、まず気づいてもらうことが必要だ。

9月から通い始めた学前班で、ソウは12月には先生の指示や友達の会話がおおむねわかるようになったが、自身はなかなか話さなかった。蛇口から水があふれるがごとく、自然な中国語が口から出てくるようになったのは翌年春ごろだ。私には使いこなせない相槌や悪口も多用するようになり、近所の小学校に入るとほぼ現地の子どもたちにとけこんだ。

ソウが日本語と中国語のバイリンガルになったことで、気づいたことがある。中国語で話しているときに、私が「それ、日本語で何というの？」と聞くと、しばしば答えられないのだ。ある程度大人になって外国語を勉強した私は、中国語や英語を話すときは、日本語で考えた内容を素早く別の言語に変換してアウトプットしている。つまり脳内に日本語という強い軸があり、発話したり文字化したりするときに切り替えているのだが、ソウは、日本語と中国語という2つの線路が並行して走っており、相手の言語によって線路を飛び移っているように見えた。

中国の小学校の冬休みが始まると、一時帰国して日本の小学校に通っていた。ソウのランドセルは何回も両国を行き来した

言語だけでなく、考え方や行動もいる場所によって大胆に切り替わるようになった。私たちは大学が長期休暇のときは帰国していたので、1年のうち9カ月を中国、3カ月を日本で過ごしていたのだが、8歳を過ぎたあたりから、ソウは「ここは中国だから」「今は日本だから」と行動を変えるようになった。

「ここは中国だから」と開き直る

ある日、ソウを中国の小学校に迎えに行くと、門から出てきて歩いていた彼は、おもむろにランドセルを地面に置き、壁に向かって立ちションを始めた。後ろを下校中の親子が通り過ぎていく。あまりの早業にソウを静止できなかった私は、おしっこをよけながらランドセルを抱え、事が終わるのを待った。そして何事もなかったようにパンツとズボンを上げ、歩き出したソウを「今、学校出たばかりやん。なんで学校でしなかったの。こんなとでおしっこしたらだめでしょ」と注意した。

ソウは「ここは中国だから」とだけ答えた。

上海に旅行したときには、レストランからホテルに戻る途中で、ソウが「うんこしたい」と言い出した。上海は大都市だけど、日本のようにコンビニにトイレがあるわけでもないし（コンビニでただでトイレを使える日本はほんとにすごい！）、私に土地勘がないのでどこに公共トイレがあるかもわからない。ソウの差し迫った表情を見て、「5分でホテルに着くからもう少し我慢して」とおんぶして走り出した。

その5分すら我慢できないと思ったらしい。交差点で信号が赤になると、ソウは「俺、ここでうんこするから降ろして～。ここは中国やけん、うんこしても大丈夫だから」と叫んだ。

キャンパスの茂みで用を足す人々

夜で人こそいなかったが、草むらも何もない、大通りの交差点だ。「大丈夫なわけない」と、私はソウを背負い走り続けた。ソウは「漏れる～、漏れる～」と叫んでいたが、なんとか間に合い、大都市の真ん中で野ぐそさせずにすんだ。

あの頃、中国では外でおしっこをしている人たちを普通に見かけた。大学のキャンパスで、茂みにボールを取りにいったら、しゃがんで用を足している大人の女性と目が合ったこともある。

現地の小学校に通っていたソウは、おそらく私より多くの〝現場〟を見ていて、「我慢できないときはどこでも出すのが中国流」という考えを身につけたのだろう。

一方日本にいるときに、私が「おしっこ」「うんこ」と発言すると、ソウに「ここは日本だから。下品なこと言ったらいかんよ」とたしなめられた。2つの国を行き来する人たちは、しばしば滞在場所によって行動を変える。中国ではタクシーでも家賃でも価格交渉が必要で、中国留学生向けのテキストでも早々に「値切る」会話が登場するが、日本はそうではない。学校生活、ビジネス、冠婚葬祭とあらゆる場面にルールや習慣の違いが存在し、国ごとのスタンダードを身につけ、使い分けていくことが、グローバル人材のお作法だったりする。

日本では空気を読んで、上品にふるまう。中国では本能を優先し、自己主張する。集団行動の経験が浅い8歳の子どもが、中国語だけでなくダブルスタンダードを自然と身につけたことに私は人間のフレキシビリティを見た思いがした。もう少し大きくなると、中国にいるときと日本にいるときで、ソウは別人のようになった。国民性という言葉があるが、人の特性は環境によって大きな影響を受けることを、我が子を通じて学んだのである。

なぜ中国のトイレにはドアがない？　ある日本人のもっともな仮説

中国で暮らしたことのある日本人なら誰でも、スベり知らずのトイレのエピソードを複数持っているはずだ。ということで、しばらくトイレネタが続くがお付き合いいただきたい。

トイレ中の挙動を人に見られるのは恥ずかしいですか？と聞いたら、日本人は「なんでそんな当たり前の質問をするんだ」と不審に思うかもしれない。猫だってトイレ中は見られたくないと聞く。しかし中国に来てからは、「生理現象に恥ずかしいも何もない」「尿意は公共マナーに優先する」という価値観があることを学んだ。

トイレトレーニングが終わっていない子どもがよく穿いていたのが、股がぱっくり割れたズボン。おむつの国からやってきた日本人にとっては、非常に当惑する代物だった。どんなものか知りたければ、「中国　股割れ」「中国　尻割れ」で検索したら、たくさん画像が出てくるのでぜひ見てほしい。

このズボンを穿いていると、子どもが尿意や便意を催してもぱっと抱き上げて、その辺におしっこさせられる。親からすればたしかに手間がかからないし、ある意味エコだ。だがその瞬間を見た日本人は一様にショックを受け、「中国の洗礼」的存在になっていた。

ソウはこのズボンを「尻割れズボン」と名づけ、道端で発見すると大興奮し、気づかれないように近づいて身をかがめて下からのぞきこんだ。

カフェのテーブルで子どもがおしっこ!?

私が中国で暮らした6、7年の間に、中国人のライフスタイルは急速に変化し、おしゃれなカフェも増えたが、中高年者の行動はあまり変わらなかった。

あるときはカフェのテーブルの上で1、2歳の子どもをおしっこさせるおばあちゃんを目撃した。おばあちゃんは子どもがおしっこを出し切ると、何事もなかったように去って行った。片付けに来た店員がテーブルに撒かれた水分を見て「何これ」と言っているので、「さっきの人たちがおしっこしていった」と教えてあげると、その店員は「ごめんなさい。本当にごめんなさい」と私に謝り、カウンターの奥から洗剤やモップを持ってきた。

ショッピングセンターのゴミ箱を便器に見立て、子どもを抱えておしっこをさせる親もいた。彼らは「子どもに我慢をさせてはいけない。出したいときはすぐ出す！」と信念を持っているかのようだった（おむつをしていないので、相対的に被害の少ないところを選んでいたのかもしれないが）。

子どもだけではない。若い女性も学校やデパートのトイレに入るときに鍵をかけないことがよくあった。うっかり開けると、目が合ったその人が便器に座ったまま「いるよ～」と答える。こっちは「見ればわかるわ」と気まずい気持ちになる。

そもそも中国のトイレにドアや仕切りが設置されたのは、比較的最近のことだ。田舎にいくと今でも、世界に名をとどろかせる便器が並んだだけの公共トイレ、通称「ニイハオトイレ」は普通にある。首都の北京にすら残っていた。用を足しながらおしゃべりする風習はドアができてトイレが個室になってからも引き継がれ、デパートのトイレではそれぞれ個室に入った女性たちが、大声で喋っていた。

和式トイレの向きがあきらかに変

トイレと排泄をめぐる疑問はまだまだある。和式トイレの配置も、謎だった。

日本の和式トイレは個室のドアを横に見る方向に便器が配置されているのが普通だ。一方、中国の和式トイレは、しゃがんで用を足しているときに個室のドアが目の前に来る配置が多い。個室に入って回れ右して便器をまたぐので、効率が悪い。なぜかトイレットペーパーホルダーと洗浄ボタンは奥の壁にあったりするので、しゃがんだまま体をひねって紙を引っ張らなければいけなかった。「中国の和式トイレってなんで利用者の道線を考えていないんですかね」と、私より中国在住歴が長い日本人男性に言うと、彼は「それは……敵に後ろをとらせないためじゃないかな」と答えた。

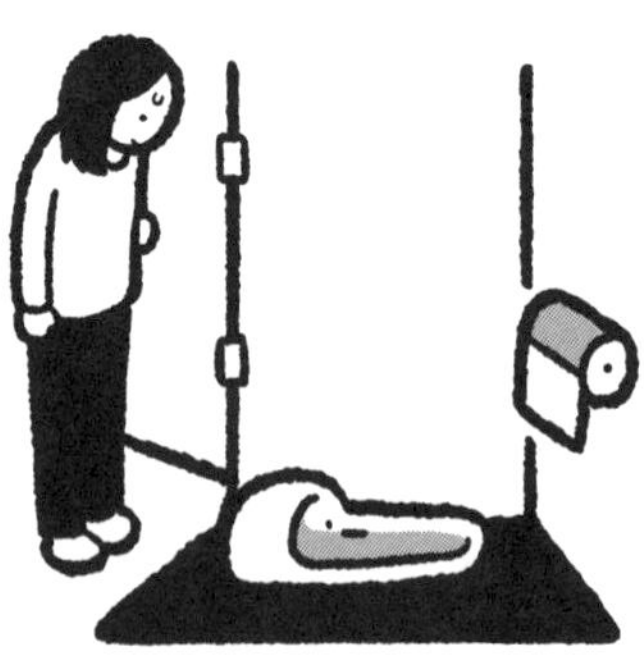

中国で遭遇したトイレ。ドアを開けて入って、体を180度回転しなければいけない。そして流すボタンは真後ろにある。意味がわからない

トイレに長らくドアや仕切りがなかったのは、最も無防備になる瞬間に敵の来襲に備えるためで、ドアのあるトイレでも何らかの理由でドアが開いたときにすぐ対応できるように便器が配置されているのではないか。人に見られて平然としているのも、警戒心が羞恥心を上回るからではないかというのが中国生活十数年の彼が導き出した「仮説」だった。

たしかに、中国人にとってトイレが無防備になってしまう、できるだけ早く立ち去りたい場所であるなら、清潔感がないのも、鍵をかけないのもつじつまがあう。日本人はどち

らかと言うとトイレを「くつろぎ」「おもてなしの場所」と考えており、リビングや寝室と同じように飾るし、公共トイレでもスマホを見ながらだらだらと過ごしたりする。もはやトイレというより多目的スペースだ。誰もが絶対に使う場所だからこそ、国民の歴史や気質が反映されているのかもしれない。日本のトイレは、平和と安全の象徴でもあるのだ。

結論、中国のトイレに神様は住めない

ガラケー全盛期、グーグルマップなど誰も知らない時代。中国に住む日本人女子が集まると、「きれいなトイレがわかる地図が欲しいよね」という話になった。

中国に住んでいてつらいのは、公共トイレのカオスぶり。オブラートに包まず言えば、とにかく汚い。ドアを開けるときに、相当な覚悟をしなければならない。私は中国基準でいえば比較的キレイな留学生専用校舎のトイレさえ、ほとんど使わなかった。

観光地には有料トイレがあることも多いが、手を洗うときに中年の女性が私に代わって蛇口をひねったり手を拭くティッシュを手渡したりしてくれたり、とにかく期待とは違うところに投資がされていて、「そんなところに人件費かけなくていいから、トイレをもっときれいにして、ついでにトイレットペーパーをセットしてくれ！」と叫びそうになったこともある。

誰が作った？　半分透明ガラスのドアのトイレ

中国で生活している数年間で、洋食を出すコーヒーショップが増え、Ｗｉ－Ｆｉが入ったお店が当たり前になり、サービスや内装にこだわった飲食店もめずらしくなくなった。おしゃれなお店はトイレもこだわった設計だったが、本来の目的を見失い、「そこじゃない」感も強かった。

オープンしたばかりのカラオケ店に行ったときは、キラキラ、ゴージャスなインテリアを見て、トイレもきれいに違いないと期待に胸を膨らませた。そしたらトイレの個室のドアもカラオケの個室のドアとまったく同じデザインで、上半分が透明ガラスになっていた。153センチの私でも、背伸びをすれば中が見える。

やだこれ、覗かれるじゃないと、入るのを躊躇していると、後からやってきた中国人2人組が、「いる？　いない？」と言いながら、透明のドアから個室を順番に覗き始めた。中からは「いるよ～」という返事が返ってくる。ドアの意味がなければ、鍵の意味もない。

新しいカフェのトイレに入ったら、手を後ろいっぱいに伸ばしても届かない位置にトイレットペーパーホルダーがあり、絶望したこともある。

もう少しときが下り、顔認証システムが登場した２０１０年代後半には、顔認証しないとトイレットペーパーが出てこない公共トイレが登場した。使った人によると最初に顔情報を登録し、センサーが顔を認識したら紙が20～30センチ出てくる。次にシステムが作動するまで1分待たないといけないので、「大」のときは何度も顔認証して小出しに紙を出してもらったそうだ。

こういったトイレを設計した人や内装工事の業者は、利用者の利便性を一切想像しなかったのだろう。中国の工事は地方から出稼ぎに来た農民工が担うことが多く、女子トイレの構造や求められる機能に考えが及ばなくても仕方ない。であっても、カラオケボックスのトイレの半透明のドアは、オープンするまでに誰か指摘してよ。

そんなニイハオトイレの国に住む中国人にとって、日本のトイレはほとんど応接室に見えるようだ。日本に行ったことがある中国人男性に、「日本のトイレは臭いがしないので、建物の中でトイレの場所がわからなくて困る」と文句を言われた。九州の大学に留学した女子大生に「日本で一番好きな物」を聞くと、「トイレ。持ち帰りたい。いつもいる」と即答した。

「トイレの神様」なんて歌が生まれるのも、会社のトップが率先してトイレ掃除をするのが美談になるのも、日本ならではの文化なのだ。

「日本人の尻は甘やかされている」

グローバル人材に必要なのはまず語学力だ、いやその前にコミュニケーション能力だとかいろいろあるが、個人的には「何でも食べて、どこでも出せる勇気」も、上位に挙げておきたい。

実際、ウォシュレットがない海外環境で便秘になる日本人の話はときどき聞く。日本のトイレは快適かつ清潔すぎて、日本人のお尻はとことん甘やかされている。知り合いの日本人社長は「部下に海外出張行けと言ったら、ウォシュレットがない国には行きたくないと言うんだよね。面《つら》の皮じゃなく、尻の皮を厚くしろと説教した」とぼやいていた。留学生寮に入寮した20代の日本人から、「携帯ウォシュレットが売ってる店を教えてください」と聞かれたこともある。寮のトイレにウォシュレットがないことを想定しておらず、パニックになっていた。

ソウも和式トイレがNGだった。物心つくころには洋式が当たり前の社会だったこともあり、和式を使うのは「まわりに洋式がまったくない」追い詰められたときのみ。日本での最後の和式体験はソウが5歳のときの熊本旅行で、ソウは個室のドアを開け放ち、自らはタンク下にある銀色の配管に両手でしがみつき、私に「落ちないように腰を持ってて」

と要求した。普通の水洗トイレだから、最悪落ちてもいいのだが。

以降、和式トラウマはひどくなるばかり。しまいには「見るのもいや」と、行ったことのない場所では、トイレが洋式かどうかを私に見に行かせるようになった。「そんなんじゃ商社とかに就職できないよ！　今はアフリカにも行かされるんだから」と説教するが、小学生には響かない。

中国は和式トイレが圧倒的に多かったので、ソウは外出すると洋式トイレを探してさまよった。知らない場所に行くときは必ず洋式トイレがありそうな高級ホテルの場所を確認し、その近くの安宿に泊まった。

ソウが9歳の春、中国の映画「紅夢」のロケ地で、山西省にある清朝時代の豪商の住まい「喬家大院《きょうけたいいん》」を訪問した際に事件は起きた。到着するなり、ソウが「うんち」と言い出したのだ。言われてみれば朝から、おなかの調子が万全じゃなさそうだった。

人でごった返す有名な観光地ではあるが、外国人の姿はほとんどなく、洋式トイレがあるとは思えない。ソウも我慢を続けていたが、次第に涙ぐみ始め、ついに「行ってくる」と私からティッシュを受け取り公共トイレに消えていった。

5分ほど経って戻ってきたソウ。私の顔を見るなり、「で、できたーーーーーー！」とティッシュを持った手を挙げた。思えば熊本旅行以来、5年ぶり2度目の和式チャレンジ

だった。それからは3分おきに、

「僕、和式でうんちできたよ」

「みんなに聞かせたいね」

「ママは僕が和式でうんちできて、どんな気持ち？」

「これからもたぶん大丈夫だと思う」

「もっと喜んでよ。僕がうんちできたんだよ」

とトイレ話を振ってくる。「和式トイレでうんちをできたソウさんへのヒーローインタビュー」を強要され、72元の入場料を払ったのに何も見れやしない。きっと本人が覚えているのも、観光地の建築物や旅行そのもののことではなく、「和式トイレでうんちができた自分」のことだけだろう。

と思った私だったが、ずいぶん後になって大人になったソウに「最後にいつ和式で大をしたか覚えている？」と聞いたら「10年以上前。記憶にすらない」と、そっけなかった。

あれだけ誇ったくせに、それすら忘れているのが子どもという生き物なのだ。

車にはねられても大丈夫！完全無敵のカバン、その名はランドセル

子連れで中国に渡ったのは、ソウが小1の夏休みだった。ランドセルは日本独自の文化だけど、買って数カ月しか使わないのはあまりにももったいないので、ソウは中国でもランドセルを背負って通学した。中国の学校が冬休みの間、ソウは1カ月だけ日本の小学校に転入させてもらったから、2つの国を行き来するソウと一緒に、ランドセルは何度も海を渡った。

おばあちゃんも背負うほど大流行

ソウが通う中国の小学校で、子どもたちはキャリーバッグかリュックを使っていた。ランドセルを背負っていたソウは大人たちに「姿勢がよくなっていいね」とよく言われた。骨格を支えてくれるように見えたのだろう。

そのランドセルが周囲でプチ流行したのはソウが10歳のときだった。街中でランドセル

ソウが通う中国の小学校で、突如ランドセルブームが起きた

姿の人をときどき見かけるようになった。子どもだけでなく、なぜか大人も背負っていた。ソウの通っている小学校でも、子どもはキャリーバッグなのに迎えに来ていたおばあちゃんがランドセルを背負っていた、ということがあった。

日本の商品がずらりと並ぶ物産展に行くと、ライオンの歯磨き粉とランドセルが同じコーナーに陳列され、買い物客が手に取って見ていた。

日本の〝神バッグ〟を示すバズ動画

この小さなランドセルブームはどこから来たのだろう。

ずっと気になっていたのだが、ある日ネットサーフィンしていたときに、「日本のランドセルが〝神バッグ〟として大人気になっている」という中国語の記事を見つけ、理由を知ることができた。

記事には「ランドセルが車のエアバッグのような役割を果たし、衝突の衝撃から守ってくれる」動画がバズって、安全性の高いカバンとして人気を博していると書かれていた。
バズったという動画も見た。小学校低学年と思しき女の子が道路を歩いているときにトラックに衝突されたが、ランドセルが守ってくれて無傷——という、日本人から見たらとんでもない内容だった。動画メディアがそれほど普及していない時代なのに、大変な再生回数になっていて、今だったらSNSで日本にも流れてきて日本人の総ツッコミを受けていただろう。

日本人なら、ランドセルがカバンとして、それほど機能的でないのは知っている。低学年の子どもが背負うには重たすぎるし、カバンそのものがかさばる。値段だって、一般庶民の家庭には高く感じる。高いうえに小学生の間しか使えないから、卒業後の処分にも困ってしまう。実際は軽いリュックや、中国の子どもたちががらがらと引いているキャリーバッグのほうが使い勝手がいい。

しかしそんな非合理なランドセルは、「子どもの成長の象徴」という存在価値を与えられることで、令和の時代までスタンダードとして生き残っている。「入学という儀式の必携品」として祖父母から贈られることも多いから、価格の高さも受け入れられている。つまり、日本独特の文化だから日本でしか売れなかったのだが、「安全」という万国共通の付加価値をつけられたことで、合理主義の中国人の間でもプチバズりしたのだ。

そういえば、日本で暮らし始めた中国人が「中国から入ってきた漢字をそのまま使ってくれれば良かったのに。日本人が平仮名とかカタカナを発明したせいで、別の言語になってしまった。本当に余計なことをしてくれた」と冗談まじりで文句を言っていた。

漢字が伝来した2000年前から今に至るまで、日本と中国の間で物や情報が行き来する中で、時には違う文脈で広がり、カスタマイズされていったものも少なくないのだろう。

重くてかさばることが改めて認識されたのか、中国のランドセルプチブームは短い期間で終わった。けれど日本の小学生の間で廃れない限り、何かの付加価値がついて再びはやることがあるかもしれない。

中国の「経営学」授業は、マルクスと三国志!?

日本人は中年に差しかかってからのほうが勉強熱心になるのではないか。

私は34歳のときに九州大学のMBAに入学し、十数年ぶりに英語学習を再開した。その後も学びたいことが次々出てきて、「大学生のときは時間がたくさんあったのに、寝てるか遊んでるかでもったいないことをした」と後悔している。

まわりを見ると40代、50代で大学院に進学したり、資格試験に挑戦する人がたくさんいる。

冒頭に「日本人は」と書いたのは、中国のMBAと博士課程で同級生だった社会人学生たちは、勉強している風じゃなかったからだ。教科書はロッカーに置きっぱなしだし、試験でのカンニングも横行していた。彼らの多くは箔付けや昇進のために学位を取りにきていた。後に中国の大学の教員になってわかったが、中国人は子どものころから勉強に習い事にとがんじがらめで、親や教師から「大学に入れば遊べるから」とお尻を叩かれ続ける。実際は大学に入っても、日本の高校並みに授業と課題に追われる。強制的に給餌されるような教育を受け、若いうちに勉強疲れしちゃうのかもしれない。

20代まで必要最低限の勉強しかしなかった私は、ソウを産んで、会社の雲行きが怪しくなってから「スキルアップしないと」とようやく目覚めた。30代で経済部に異動し企業の取材をするようになると、経営について少しずつ勉強を始めた。

中国に留学したのは奨学金が取れたことが最大の理由だが、14億人の人口をてこに経済や消費が急成長していて、マーケットとしての存在感が高まっていたので、中国ビジネスの専門家になれば何か仕事が見つかるだろうと考えたのもある。

仕事をせずに勉強に専念できる、しかもGDPが日本を超えようとしている中国への知見を深められる。今振り返ってもすばらしい機会だったと断言できるが、情熱と気合じゃどうにもならない局面もまあああった。

ここは中国……なのに事例はアメリカ企業の話ばかり

最初の見込み違いは、中国の「経営学」を勉強したかったのに、授業で取り上げられるのがアメリカの企業ばかりだったことだ。組織論、戦略論、マーケティングといった経営学はアメリカで発祥し、日本や中国に入ってきたので仕方のない面もあるが、英語のテキストを読みながら、「中国に来て米国の企業研究をして、私は何をやっているんだ」と悶々とした。

先生たちはときどき中国の事例も話してくれるが、その事例とは、孫子や三国志といった、企業が存在する以前のほんとの戦争の話だった。

たしかに戦略や組織の話って源流は「兵法」にあるだろうけど、「そこまでさかのぼっちゃうの？」と心の中でつっこんだ。日本のＭＢＡのクラスで源平合戦を語るようなものだ。

高度成長時代って、マーケティングとか戦略論よりも「モットーは情熱です」「24時間戦えますか」的な馬力がものを言うのだろうし、ある研究者に当時成功していた中国企業の「成長の要因」を聞いたら、「創業者が政府関係者と仲がよかった」「創業者の姉が、共産党の幹部と結婚した」とすべて「地縁血縁」で片づけられた。「んなばかな」と思ったが、その後の中国生活でコネ社会の徹底ぶりは身に染みた。今ならともかく、当時は中国の企業経営に理論はそれほど求められておらず、研究の対象にもなりにくかった。

マルクスの生い立ちから説明

マルクス主義も大変だった。中国の学生は中学、高校からマルクス主義を勉強するらしく、博士課程でも必修科目にマルクス関連が2つあった。前年まで必修は1科目だったが、資本主義化が進んで社会が乱れてきたため、私たちの学年から2科目に増やされた、と真偽不明の噂が流れていた。

どんな授業だったかはほとんど覚えていない。マスクスの生い立ちから説明され、家族写真を見せられた。マルクスの研究はかつては日本が一番活発で、中国で流通している関連書籍の多くは原書の日本語版をさらに中国語に翻訳したもの、という説明もされた記憶がある。

期末レポートは、マルクスの著書を読んでの感想文だった。『資本論』しか知らないのでちょっと調べたら、めっちゃ分厚い上に全三巻あった。うげー。しかも中国で手に入る書籍は、日本人が訳したものを中国語に再翻訳したものだった。だったら日本語で読ませてほしい。

皆どうしているんだろうと中国人の同級生に聞くと、「共産党宣言が短いからお勧めだよ。要約版のファイル持っているからコピーしてあげる」と助言され、ただでさえ短めの共産党宣言を4ページに圧縮した文章を読んで、レポートを書いた。そっか、中国人の学生にとっては、これまで何度もレポートを書き、対策をやり尽くし、授業を聞かなくても単位を取れる楽勝科目になっているってことか。必修を2科目に増やしたところで、現場ではこうやって骨抜きにされている。

中国人学生もお手あげ、教授の方言との戦い

ここまではカリキュラムや文化の違いみたいな話だが、自分の過去の不勉強のつけでしこたま苦しんだ授業もあった。

ご存じの通り、日本の高校は相当な進学校でない限り1、2年のうちから文系、理系とクラスが分かれ、私立文系だと数学はある段階からほとんどやらなくなる。私は高校3年生で私立文系クラスに移って、時間割から理数系の授業が消えた。英国社の3科目で大学を受験し、大学の4年間でも数学をほぼ回避して卒業できた。以降、数学との接点はソウの宿題を見るくらいだった。

中国の大学入試は、基本的には数学を避けることができない。大学で日本語学科に進学しても、必修に数学があったりする。大学院でも当然のように数学が必要な科目がちょいちょいあった。計量経済学はとにかく地獄だった。

すべてが大変だった。テキストは英語。教授は中国語で解説。とどめに大量の数式が出てくる。ど文系日本語母語の私は、何一つなじみがない。

まったく理解できなかったので、ボイスレコーダーを買って授業を録音することにした

が、後から聞き返してもやっぱり聞き取れない。途方に暮れていたら、同じ授業を受けていた中国人が「訛りひどくて、教授が何しゃべっているか聞き取れない」と言い合っていた。

日本人が想像する「中国語」は、中国では「普通語」と呼ばれる。広い国土に14億人が暮らす中国は地域ごとの方言があるからだ。上海で話される「上海語」は、外から来た人にはあまり理解できない。私たちが住んでいた大連は「東北語」。首都の北京は巻き舌が特徴的な「北京方言」。テレビや動画で「普通語」に触れているので、皆聞き取りはできるが、話せるかは人による。観光地の飲食店に掲げられた求人の貼り紙には、条件欄にしばしば「普通語が話せる」と書かれている。

同級生たちには「中国人でも難儀するんだから、外国人のあなたが聞き取れないのは仕方ない」と慰められたが、単位がかかっているから何とかしないといけない。

今のようにオンラインで書籍や資料が手に入る時代でもなく、私は学期の途中で本を買うためだけに日本に帰国した。大連と福岡は飛行機で1時間半だから、余裕で往復できるが、金銭的には痛いことこの上ない。計量経済学の入門書と、高校1年生向けの数学の参考書を買いながら、「数学から逃げ切れたと思っていたのに、とんだトラップに引っかかってしまった」と心で泣いた。

コロナ禍が収束した2023年、数年ぶりに深圳に出張したら、居合わせた日本人記者が中国人経営者のスピーチをボイスレコーダーで録音していた。「昔の私と同じことやっている。会社に戻って誰かに訳してもらうのかな」と思いながら見ていたら、レコーダーの画面にリアルタイムで文字起こしされた文章が表示された。その記者は「聞き取れなくても漢字なので文字を見れば何となくわかるから」とずっと画面を見ていた。

今や日本語の本も漫画もオンラインで気軽に読めるようになり、外国語の文章はAI翻訳でだいたいの意味がわかるようになった。

英語の文章をなぞると日本語に翻訳してくれる「辞書ペン」なる製品も売られている。あの頃ドラえもんのポケットの中にしかないと思っていた発明品が、当たり前のように存在している。

方言聞き取れない問題も、間もなく解決しそうだ。中国のAI企業が最近、「世界の37言語と中国の37方言を理解する」AI音声認識技術を発表した。この会社はEVを声で操作するシステムを開発しており、中国の自動車メーカーのほとんどと取引がある。方言対応は必須だったのだろう。

今の時代に留学していれば、日本語の書籍をキンドルでダウンロードし、英語のテキストや教授の訛りはＡＩに翻訳してもらい、マルクス主義のレポートはＣｈａｔＧＰＴに書いてもらってと、当時苦しんだ問題のほとんどをテクノロジーでクリアできるだろう。ただ、数学だけは自分の頭に基礎を積み上げておかないとどうにもならないままだ。しかも社会のデジタル化でデータがたくさん取れるようになって、数学と経営の関係は一昔前よりずっと密接になった。私が卒業した大学の政治経済学部も数年前、入試で数学が必須化された。

高校時代にまじめに取り組まなかったつけを40歳近くになって払わないといけなくなり、七転八倒した人間として、母校の英断に心から賛同した。これからの時代、数学から逃げ切ることはますます困難になるだろうから。

第6章

自由のない国の自由すぎる人民たち

中国人監督のオファーでまさかの女優デビュー

２０１５年初夏。日本に留学経験のある中国人女性、李さんに市内のカフェに呼び出された。

彼女の隣には、見た目30代の男性がいる。テレビ局のプロデューサーと自己紹介した彼は、趣味で映画を撮っているそうで、呼び出されたのはその相談だった。

「渡辺淳一の短編3作品を組み合わせて1つの作品にした。俺が監督をするから演じてくれるキャストを探している」

「監督」はそう言って、台本をテーブルの上に置いた。登場人物の台詞はすべて日本語だ。李さんが恥ずかしそうに、「監督は日本語ができないから、中国語で脚本を作って、私が日本語に訳したの」と言った。

監督は渡辺淳一の短編小説3作品をつなぎ合わせて制作した脚本を、日本語に訳し、日本人に日本語で演じさせたいと熱弁をふるった。

それ、誰が観るんですか？と質問すると、「中国語の字幕をつけて、中国で上映する」との返事。

一度聞いただけでは理解できないねじれ方。「中国語で脚本作ったんなら、中国人に中国語で演じてもらって上映すればいいじゃん。観るのも中国人なんでしょ」と当たり前の提案をしたところ、「それじゃあ日本の雰囲気が出ない」と一蹴された。

必要な演者は、渡辺淳一をモデルにした主人公を演じる男性と、主人公の昔の彼女を演じる女性。

「それと……」と監督が続けた。

「浦上は中国語がわかって便利だから、主人公の友達役を演じて、ついでに通訳もやってほしい」

いや、私がヒロインでいいやん、と思ったが、監督のイメージと違うと却下された。撮影は6月終わりから7月初め。主役を演じる男女は必須。あと、他に手伝ってくれる人がいれば大歓迎とオーダーをいただき、「こんな酔狂な企画に付き合う余裕があるのは、留学生くらいだな」と、心当たりを探したら、翌日には物好き日本人が4人が集まってしまったのである。

1週間後、監督と李さん、日本人メンバーの顔合わせが行われた。

主役を演じる男性は、大連の大学に短期留学している社会人のマツさん。憂いのあるイケメンなので、監督が「期待以上の人がやってきた！」と大喜びし、私の評価が爆上がりした。ヒロインを演じる女性は、大連の大学で日本語教師をしているひろさん。6月で学期が終わり暇になるので、「中国にいる記念に」と手を挙げてくれた。彼女も薄顔で、「過去に何かあった女」を演じるのにふさわしい。さらに、大連のネイルサロンで働いている日本人女性リカさんとその友人のゆうさん。リカさんは出演者のメイクで大活躍してくれた。

3日間で撮影……なのにモメる監督と助監督

私たちは食事をしながら渡された台本を読んだ。日本語の不自然な部分は各々修正することにしたが、場面設定の不自然さについても日本人から指摘の嵐だった。

「主人公の女性は、過去に2階から飛び降りて背中に傷があるんだよね。でも、その高さなら背中じゃなくて腰とか顔に傷がつくんじゃない？」

「主人公の作家が夕方の便で大連に着くとあるけど、日本からの直行便で夕方着のフライトはないよ」

さすが細部が気になって着手できない日本人。設定の甘さについてはやや紛糾したものの、観る人は中国人だし、私たちが何かまずい状況になることはないということで、なし崩し的に収まる。

撮影は、3日間に詰めこんで行われた。監督、助監督、カメラ、音響となかなか本格的な陣容である。ほとんどが夜のシーンのため、私たちは毎日夕方4時ごろ集合した。

ところが、集合しても3～4時間撮影が始まらない。私たち演者が着替えて化粧している間に、監督と女性の助監督が演出をめぐって議論をおっぱじめ、21時頃まで両者譲らない。ぼーっと待つしかない私たちのために、手持ち無沙汰のスタッフがお弁当を買ってきてくれた。

「おお、これがロケ弁なるものか」と和気あいあいと食べる横で、監督と助監督がまだ言い争っている。

「なんでこの段階になってからやりだすかね……」

幸い、集められた日本人は男性のマッツさんを除いて中国組織で働いており、中国流には免疫があった。免疫のないマッツさんはこの映画に並々ならぬ意欲を示し、空き時間はずっと台詞の練習をしていたので問題なかった。

流行作家である主人公を招いてのイベントが行われる会場、中国で再会した主人公2人が逢瀬に使うホテル、そして主人公2人の旧友で、今は大連で飲食店をやっているという設定の私が経営する日本居酒屋は、監督が撮影場所を手配していた。ホテルは撮影許可を

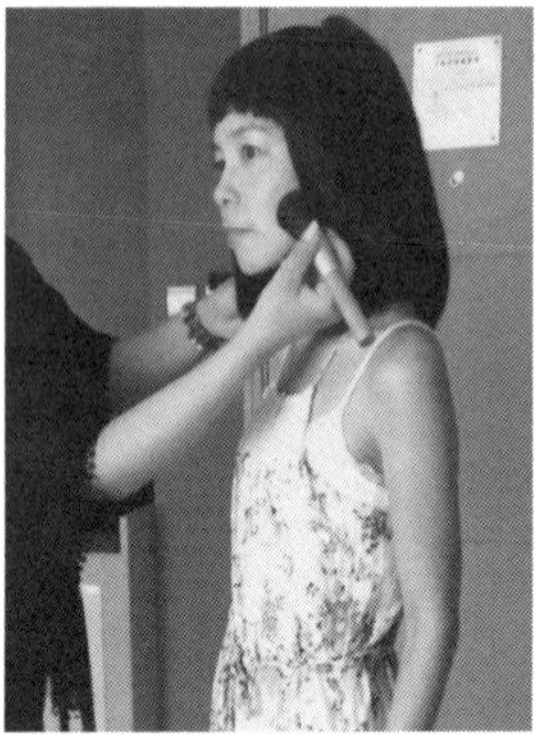

中国語ができて便利、というだけでヒロインの女友達役に抜擢。誰の発案か、謎のウィッグをつけさせられた。写真はメイク中の私

取っていたわけでなく、客として予約していたようだが、自腹では泊まらないような広い部屋だったので、監督と助監督がもめている間、ずっとベッドでごろごろしていた。

「タクシーの中で主人公が思いつめた顔をしている」シーンの撮影では、どこからかタクシーと運転手を連れてきた。だが、道路の使用許可までは取らなかったのだろう。通行量が少なくなる深夜2時まで待って、レンタルした巨大トラックの上に乗ったカメラマンが、走行するタクシーに接近して撮影するというYouTuberの企画のようなゲリラ的撮影が行われた。

監督の演出は夜が更けるほどに熱を帯び、「台詞にもう少し間を空けて」などと多くの注文がつき（それを私が通訳し）、二言三言の台詞を10回以上撮りなおす。その日のスケジュールが終わるのは夜中3時とか4時。場所を貸してくれた居酒屋の店主は「明日、ランチあるんだけど」とぐったりしていた。

スタッフの中には実際にテレビドラマに出ている役者もいた。毛沢東の八路軍をテーマにしたドラマのロケで、翌月から3カ月上海に行くという人もいた。3人とか4人の出演者でもこんなにぐだぐだなのに、軍のロケとか収拾つかなくなりそうだなと勝手に心配した。

夕方から未明にかけて3日連続で撮影するという強行軍に、私たちはどうにか都合をつけて参加したわけだが、出演料は出なかった。自主制作映画はこんなもんだろうし、中国でのいい経験になったので別にいいんだが、監督の行動力で事態はまさかの方向に動いていく。

地獄の上映会

数カ月後、どういうコネを駆使したのか、この映画が在大連日本領事館の協賛イベントとして上映されることになった。これまたどういうコネを使ったのか、地元の日本語フリーペーパーで紹介された。

週末、百貨店で行われた上映会。監督のテレビ局仕込みの編集技術のおかげで、それらしい作品にはなっていたが、演者は素人だし、なにせ日本語のわからない監督が日本語の作品をつくっているので、とちったり台詞を間違えても誰も気づかずにそのままになっている。完成した映画のDVDを監督にもらい、自室で1人で観たときはくすくす笑えたが

（切ないラブロマンスであることは言っておく）、領事が冒頭で挨拶をして、私たちも演者として登壇して一緒に観るという地獄の上映会に、小心者の日本人の私は神妙な顔をして座っているのがやっとだった。

さらにその数カ月後、映画監督の山田洋次氏が大連を訪れ、講演会が開かれた。私も知り合いに誘われて聴きに行った。講演が終わって会場を出ると、なんとあの中国人監督がカメラクルーを連れて立っている。「どうしたの？」と聞いたら、「本業で取材に来た」と言うので、そうなのかと簡単に挨拶して帰った。

翌日、監督から届いたメッセージを見て私は卒倒しそうになった。彼は山田氏を取材するついでに帰国のフライトを聞きだし、空港で待ち伏せして例の映画のＤＶＤを手渡したという。「やってやったぜ」と喜ぶ監督と、「やってくれたな……」と顔を覆う私。

巨匠・山田氏がＤＶＤをどうしたのかは定かでないが、中国のネットには、まだあの「渡辺淳一の3作品をミックスしてオマージュした」映画の予告編がアップされている。ってか、アップした日を見たら２０２２年やんけ。監督、この映画をメジャーにすることをまだあきらめてないってことか。

「お客様は神様」なわけない。職務放棄も辞さないぞ

中国には春節（旧正月）と秋の国慶節という1週間の大型連休があり、のべ20億人が移動する「民族大移動」が起きる。

故郷に帰るためおむつを着けてぎゅうぎゅう詰めの列車に乗りこむ出稼ぎ労働者や、窓から車内に人を押しこむ車掌の姿がよくニュースになっていた。

駅に限らず、いたるところでスーツケースを持った人、故郷や旅行先に向かう車があふれ返り、「混んでいる」では済まない阿鼻叫喚の地獄絵図になる。中国で生活を始めた最初の年は、私も巻きこまれてしまった。

国慶節休みが始まる前日。大連市の中心部にある郵便局から「荷物が届いた」と寮に連絡があった。日本から船便で送っていた秋冬物の衣類が到着したのだ。EMSや航空便だったら寮まで持ってきてくれたようだが、船便は郵便局留めとなり、取りに出向かなければならないとそのとき知った。

寮から郵便局までタクシーで20分ほどだが、お金がもったいないのでバスで行くことに

した。日本から送った大きな段ボールをバスで運ぶのは到底無理なので、段ボールの中身を移し替えるために大きなスーツケースを持ってバスに乗りこんだ。「大荷物を持ちこんで、ひんしゅく買うかも」と心配していたが杞憂だった。バス停は帰省や旅行のために旅行カバンを持っている人でごった返していた。

バス運転手VSタクシー運転手

しばらくしてバスが来た。いつも以上の渋滞と車内の混雑に気が立っていたのか、運転手の女性は、ドアが開くなり立ち上がり、「早く乗れ！早く乗れ！早く！早く！早く奥に行け！」とわめいている。

出発したバスが交差点を直進しようとしたそのとき、後ろを走っていたタクシーがバスを右から追い抜いて左折を始め、行く手を阻んだ（中国の車は右側通行だ）。もともと機嫌が悪かった運転手は完全にブチきれ、窓とドアを開けて、ものすごい声で怒鳴り始めた。

すると今度は、バスの斜め後ろを走っていたタクシーの運転手が、乗客を放置して外に飛び出し、バスに乗りこんできた。どうやら、バスが進まないから自分たちも前に行けないと怒っているようだ。バスとタクシー、運転手2人が本来の業務である運転を放棄し、信号のある交差点で言い争いをしているので、他の車も進めなくなってしまった。周辺の車はクラクションを鳴らしまくるが、頭が沸騰した2人には聞こえない。

2人がバスの中で言い争いを始めて2、3分ほど経ったとき、バスを追い抜いて進路をふさいでいたタクシーが無事左折を終え、前方が開いた。すかさず乗客が「ほら、行ったぞ。行ったぞ！進め！」と怒鳴った。

しかしバスの運転手はまだ怒りが収まらず、前方に向かって叫び続けている。後方から1人の乗客が、「外国人はお前の言っていること、全然わからないぞ」とやじった。これに運転手が「外国人がどうした！」と言い返す。

「なんで唐突に外国人が出てくるの……私も外国人だけど」と思っていたら、本当に（私ではない）外国人が、変なアクセントの中国語で「私は外国人です」と大声を張り上げた。すし詰めで身動きが取れない車内で飛び交う怒号、ときどき外国人。この混乱のゴールがどこにあるかもわからない。

周囲の車からはクラクションの嵐が注ぎふる。バスの中も外も、大変なカオスに陥っている。しばらくすると運転手の女性は「やっとられん」とばかりにバスを降りてどこかに行ってしまった。

どーいうこと？

運転手席近くにいた乗客は、バスを放置して去っていく運転手に「俺たちを置いていくな」と叫んでいたが、少しすると諦めて1人、2人とバスを降り始めた。私も周囲を見ながらバスを降りた。最後に誰もいないバスが交差点に残された……。

その後、乗客は近くにあったバス停に移動し、後続のバスに乗った。日本ではバスの運転手が不適切な言動をするとすぐにニュースになり、バス会社が謝罪するが、これはどうなるのか。他の乗客の冷静な対応を見ると、そんな大したことではないようにも見えるが。

いつもどこかで誰かが喧嘩

なんというか、彼らは己の喜怒哀楽に素直すぎる。運転手だけではない。道路や店舗で誰かが大声で喧嘩しているのは日常茶飯事で、カップルの女性側が男性を飛び蹴りしてたり、ショップの販促をする着ぐるみが取っ組み合いをしていることもあった。

イケアのカフェテリアでは、セルフサービスのコーヒーの順番をめぐって女性客2人が口論を始め、ほどなく髪をつかみ合って暴力沙汰に発展した。なぜか後ろに並んでいた女性2人も参戦し、まわりが手をたたいてはやし立てる中、従業員2人が小走りにやってきた。

仲裁に入るかと思ったら従業員は単に好奇心でやってきたようで、「喧嘩だ、喧嘩だ」と嬉しそうに傍観していた。

中国人にとって、喧嘩は発散でありエンタメだ。夫婦喧嘩も、お互いが自分の正当性を主張するため、わざわざ人前でやるという話もある。

客と従業員が上下関係なく大声で言い争っているのを見ていると、むしろ「お客様は神様です」が当たり前で、横暴な客にも笑顔で対応することを求められる日本のサービス業のほうが不健全に思えてくる。

日本は「沈黙は金」「人前で怒ったり泣くのはよろしくない」的な価値観が強いが、これらのカルチャーゆえに「ストレスをためこんで悪化させる」文化を生み出しているように思える。

何かを決める会議の場では発言が少なく、会議の後、あるいは決定後に陰で不満が出るというのも日本あるあるだが、不満や異論を先送りした結果、余計こじれることも少なくない。

日本語を勉強している中国人に「日本はなんでいじめがあるんですか」と聞かれたことが何度かある。「中国ではないの?」と聞き返したら、「中国もありますが、やられっぱなしでも耐えるという感覚はないし、子どもがいじめで自殺する話は聞いたことがない」という。

生きていくうえでは、中国人にならって感情に素直に動くほうが楽で、澱《よど》まない。そう気づいてから私は、どんどん空気を読まなくなっていった。

日本に帰国して久々に日本企業で働いたとき、会議の場で責任者が「せっかく皆集まっているんだから言いたいことは忌憚《きたん》なく言ってほしい」と呼びかけた。額面通りに受け取って、本当に忌憚なかったのは私と、米国企業での勤務歴が長い男性の2人だけだった。

「ああ、そういえばここは日本だった」と我に返った。

礼儀正しい日本は好きだけど、感情を殺してまで場の空気を保ったり、秩序を守ったりする必要はない。苦しくなったら、あの日の運転手のように、バスを置いて職務を放棄して逃げてもいいんだよ、と思う。

漫画みたいな「カンニング大作戦」

「お天道様が見ている」という言葉がある。誰も見ていなくても神様が見ているという意味で、日本の治安の良さや日本人のモラルの高さは、その価値観に支えられているように思う。そしてその感覚は「トイレの神様」と同様、グローバルでは決して当たり前ではない。

「お天道様が見ている」から悪いことをしないだろう、という性善説の日本に対して、中国は「厳しく取り締まらないと人間は悪いことをする」という性悪説に基づいてルールが定められている。人口が日本の10倍以上だから、そうしないと収拾がつかないのかもしれない。カンニング対策もそうだった。

大胆不敵、A4サイズのカンニングペーパー

中国での大学入試では、通信機器を使ったカンニングを防ぐために金属探知機を使って荷物チェックが行われるし、問題用紙はパトカーに取り囲まれたトラックで輸送され、

GPSで誰でも追跡できるようにしている。日本のように「受験生の良心を信じる」といった甘い考えは一切持っていない。そこまでしているのに、金属探知機をすり抜けて携帯電話を持ちこみ、途中で見つかる受験生もいる。

大学の期末試験レベルだと金属探知機までは出てこないが、それでも日本の入試よりは厳しい体制が取られていた。

留学していた大学院では、筆記用具以外はカバンにしまい、そのカバンは教室の一カ所に集められる。教室には試験監督が5人もいた（入試ではなく期末試験だ）。

「厳しいねえ」と中国人の友人に話すと、「大学院だからゆるいほうよ。学部生だと筆箱の中もチェックするし、コートも全部脱がせて、ポケットの袖口まで見るわよ。手のひらや手首に書きこみがないかもチェックする」と驚くべき答えが返ってきた。

私が留学したのは博士課程で、学生の大半は社会人。それも公務員や銀行員、大学教員ばかりだった。それなりの地位にあるいい大人が集まっているのに、教室は漫画のような「カンニング大作戦」状態になる。

英単語の縮小コピーはかわいいほうで、隣の席の人はA4のカンニングペーパーを問題用紙の下に置いていていた。途中で見つかって没収される人もいたが、博士課程だからか大袈裟な体制の割には、試験監督もよく見たら下を向いて携帯を触り続けている。形は整えているが、現場の人が制度を無力化するのも、中国あるあるだった（だからテクノロジーが普及する）。

抗議する日本人と交渉するロシア人

カンニングが横行すると、一番割を食うのは留学生だ。

そもそも中国人に交じって学ぶ留学生は、母語でない言語で授業を受けているというハンデがある。それに加えて、カンニングは往々にしてグループで分業して行われるため、情報収集でも蚊帳の外になりがちだ。

試験終了後に、学生全員が参加するグループチャットで「カンニングペーパーが見つかって没収されちゃったよ」という投稿を見て初めて、そういうものを作成して配っている人がいると気づいたりする。


英語の試験で、周囲の学生の多くがカンニングをしていることに気づいた。試験監督は携帯の操作に夢中で、まったく気付いていていない。

頭にきた私は解答用紙の余白に、

「カンニングは中国の文化ですか。外国人には理解できない光景です。試験監督は何のために配置されているのですか？　真面目にテストを受けている私が、カンニングをしている学生より悪い点数を取ることを、どう考えていますか？」

と書きこんだ。

期末テストなんて単位が取れればいいわけで、他の学生の不正に目くじら立てることもない……と言われそうだが、「お天道様が見ている」価値観で育った日本人は「正直者が馬鹿を見る」ことには根本的に慣れていない。

カリカリしながら問題を解き進めていくと、「外国人学生のための設問」という一文が飛びこんできた。留学生に限って他の大問に代えて解答していいというもので、授業の内容とは関係ない設問が用意されていた。

さっきまでの怒りがすーっと引き、今しがた書き殴った抗議文の文末に「先生、最後の一問見ました。ありがとう」と付け足した。先生は中国人がカンニングしまくると想定して、留学生に下駄をはかせてくれたのだろうか。配慮の背景を考えていたとき、試験数日前に話しかけてきたロシア人留学生の顔がふと浮かんだ。

この授業とは別の、たしかマルクス主義に関する必修授業だった。2人のロシア人学生に「あなた理解できる？」と聞かれた。共産党政権の下、中学校、高校、大学と当たり前のようにマルクス主義を学び、試験対策もばっちりの中国人と違い、私たち留学生はマルクス主義の理解にかなり苦しんでいた。ロシア人留学生2人は、「これは外国人にとってハンデが大きすぎるから、救済措置を設けてもらうよう教員と交渉する」と息まいていた。

彼女たちとのやりとりを思い出し、私が今受けている試験も、ロシア人が交渉して留学生専用の設問が追加されたのかもしれないと気づいた。平等でないと抗議した日本人の私と、不利な状況をなんとかするために交渉するロシア人。たぶん、よりグローバルなのは彼女たちだ。

数年後、中国の大学の教師になった私は、中国人のカンニングと戦う側になった。普段接している印象では、絶対に不正をしそうにない学生が、カンニンググループの元締めだったこともある。同僚は「中国人は誰かが得をして、自分が損をするのは許せない」と説明したが、日本人だってそれは同じだ。ただ、中国人の場合は「人が不正を働き利益を得ているのを見たら、自分もやる」ほうに傾きやすい。グローバル視点では、日本人が人が良すぎるのかもしれない。

アパートをリフォームしたら、あちこち罠が仕掛けられていた

中国生活3年目の秋、私とソウは留学生寮を出た。

大連の冬は長く、冷たい。その反動か、5月に気温が上がってくると、アフリカ人が寮の玄関付近で明け方まで酒盛りをするようになり、夜通しの喧噪が夏休みまで続く。2階に住んでいる私たちはその声にときどき起こされた。生活騒音と思えば我慢できなくもないし、寮暮らしのメリットも多かったが、別の大学から日本語学科の教員をやらないかと声がかかり、そこの教職員アパートに引っ越すことに決めた。このときもまだ貧乏生活だったので、引っ越し代を節約するためにソウと2人で両手いっぱい、背中にも大きなリュックをしょって、バスで4往復して荷物を運んだ。

新しい住まいは独立キッチンや洗濯機がある50平方メートルのアパートだったが、残念ながら、あまりきれいではなかった。留学先の学業もあったので、引っ越してからも週末ごとに留学生寮に戻る生活が続いた。

翌年の夏休み前、勤務先の大学の女性職員から「夏休みにアパートのリフォームの予定があるから、荷物を整理しといて」と言われた。

セントラルヒーターと床板を交換して、洗面所も改修するそれなりの大工事だという。「貴重品は置かないで、洋服や食器類などの日用品はすべて箱に入れて名前を書いて、1カ所にまとめて」と指示された。彼女は「箱詰めが面倒だったら、荷物を友人の家に置かせてもらったら」と言うが、そのほうが絶対に面倒だろう。

職員は最後に、「改修は計画だから、改修しないかもしれないけど、まあ、荷物まとめといてね」と付け加えた。

出た。また出た。中国の「予定は未定」戦法。

苦笑いしていると彼女が「あなたは、こういう無茶ぶりにも笑顔で応対してくれるから素敵ね」とにっこりした。いえいえ、もう中国4年目ですからね。あなたに怒ったところでどうにもならないのがわかっているから受け止めてるだけで、この笑顔は日本語で「苦笑い」って言うんですよ。

台所のシンク前に洗濯機？

言われた通りにすべての荷物を箱に入れ、サンルームにまとめて日本に戻った。1カ月半後に戻ってきたら、たしかにバスルームトイレと洗面所は新しいものに交換され、グレーの床はクッションフロアになって、見た目はかなりきれいになっていた。

だが、工事業者は余計なことも結構してくれていた。

まず、洗濯機の給水口が台所のシンク下に移動していた。もともと、台所の蛇口を分岐して給水する仕様になっていて、排水口も台所の床にあるため、洗濯機は台所に置かざるを得ない状況だったのだが、なぜか給水口をシンク下に移していた。これだとシンクの物入れのドアを開けてホースをつながないと洗濯機が使えない。しかもぞんざいに置いてあったホースは短すぎて洗濯機に届かないのだ。

こんなこと、日本では起こらないから、とても文字で伝えられるとは思っていない。

とにかく、シンクの前に洗濯機が鎮座して、動かせない。

私は学校の設備担当のリーさんを通じて、「フーさん」を呼んでもらった。

リフォームが終わると、洗濯機は流し台前に設置されていた。しかも給水口がシンク下の戸棚の中にあるので、戸を開けないと設置できない

フーさんは電気が切れたときやトイレの水が止まらないとき、便座がいきなり割れたりシャワーや蛇口が裂けたりしたときに修理に来てくれるおじさんだ。

呼んでから3日後に自転車でやってきたフーさんは、台所の前の洗濯機を見て「こりゃひどい」と言いながら、一応ホースをつけようとするも「届かない」とすぐに諦めた。うん、そこまでは私もやったの。

フーさんは私に向かって、「設備担当のリーさんに電話して、必要な道具を買ってもらって。そしたらまた、修理に来るから」と言い残し、さっさと帰っていった。リーさんに電話して、あなたを呼んでもらったのに、またリーさんにたらい回しですか……。

洗濯は留学生寮に戻ってやるしかない。とりあえずご飯でもつくるかと、荷物をまとめていたサンルームに行くと、未開封の米袋がなくなっていることに気づいた。ボーナス代わりに学校から支給された高級米。楽しみにしていたのに、ない。

翌日の会議で学校の幹部に「米がなくなった」と言うと、「工事をやっているのは貧しい農民工だからねえ……。あれほど言ったでしょ。盗まれたり荒らされたりしないよう、包装しときなさいって」と怒られた。いやいや、袋に入っている20キロの米をどうやって包

洗面所に鏡がないことに気づき、大学の設備担当の職員に取り付けてもらった

装するというのですか。

その後も次々に手抜き工事が見つかった。洗面所には鏡がない。下の階に住むアメリカ人の男性教員は「ひげがそれなくて困るよ」と文句を言っていた。

こちらはリーさんが自分で工具を持ってきて取り付けてくれた。

テレビも壊れていたので彼に文句言ったら、ブラウン管から液晶に出世した。たまにはいいこともある。

それからすぐ、流し台の蛇口が裂けて、蛇口を締めていても水がピューッと出てくるようになった。これはリフォーム前からついていた蛇口なので、単純に寿命が来たらしい。またまたリーさんとフーさんに来てもらったら、「新しい蛇口を買ってくるから1日待ってくれ」と言われた。その間、元栓を締めて、シャワーや手洗いなどで必要なときだけ元栓を開き、蛇口の裂け目に濡れぞうきんをかぶせて水が飛び散らないようにしながら使った。

手抜きのデパートのようだったが、向かいに住む韓国人の同僚に呼ばれ、彼女の部屋に入った瞬間、「うちはまだましだ」とわかった。

「ちょっと、これ見て」、と彼女が指した先には浅い大きな鍋があった。中国東北部は冬になるとセントラルヒーティングで部屋を温める。室内に設置されたパイプを温水が通り、隅々まで暖気が行きわたる仕組みだが、このパイプから猛烈な水漏れが起きていたのだ。しかもパイプの下のすき間が小さいため、バケツのような背の高い容器では水を受けられない。なので韓国人は浅い鍋をパイプ下に入れていたのだが、それだと2時間であふれてしまう。

韓国人の同僚の部屋は、暖房設備から水漏れしており、出勤もせずに水を受ける鍋を交換していた

彼女は小さな赤ちゃんにミルクをあげる母親のように、昼も夜もパイプの側から離れられず、出勤も免除されているとのことだった。

とてもかわいそうだけど滅多に見られない光景なので、携帯電話で写真を撮った。「何してるの？」と聞かれ、「日本の友達に見せる」と答えると、彼女も「なるほど。私も韓国の友達に見せよっと」と写真を撮り始めた。

あちこちでこういった欠陥が発覚し、リーさんとフーさんが私たちの部屋を回って修理してくれた。１週間ほどで目に見える問題は解決し、ほっとしていたが、実は3カ月後にまさかの事態が起きた。

クリスマスツリーを出そうとしたら、どこにもないのだ。仕事を始めて家計に余裕ができたので、アパートに引っ越した最初の冬に自分の身長と同じくらいのツリーを買った。それがない。

大学の職員に言うと、「工事の業者だろうね。なんで包装しとかなかったの」と一言。そういえば、ソウの小学校の近くでスリに遭って、警察に届けを出したときも、警察官にこちらの注意の足りなさを散々怒られた。日本人はよっぽど平和ボケしていると思われているのかもしれない。

夏休みに工事が入ると言われたとき、パソコンのような大事なものは日本に持っていくし、盗られるようなものは何もないと思っていたが、エレベーターのない4階から、米袋とクリスマスツリーが持ち去られた。持っていく人にも腹が立ったけど、「部外者が入るのがわかっていたのだから、盗られたあなたが間抜け」と言わんばかりの職員の態度に、悲しみは2倍になったのである。

仕事も子育ても助け合ってやればいい。みんなそうしてるんだから

6～7年の中国生活を経て、2017年に再び日本のメディアの仕事をするようになった。小さな子どもを2人抱える女性が下の子の急な病気で出社できなくなったとき、「忙しい時期にすみません」と、上司や同僚に謝りながら休暇を申請していた。その姿を見て、私もソウが小さかった頃はあちこちに謝ってばかりだったなあと同情せずにはいられなかった。

「中国で息子と2人暮らしをしていた」と言うと、日本の人たちに「すごいですね」「大変だったでしょう」と驚かれる。けれど「仕事と子育ての両立」に関して言えば、中国のほうがずっと楽だった。

共働き前提の中国にある「ゆるさ」に救われる

共働き前提の中国では、定年まで切れ目なく働き続けることと、子どもを持つことは矛

中国の小学校は子どもが1人で帰る習慣がないが、保護者が仕事を抜け出し迎えに行くのも難しくなかった

盾する選択ではなく、当たり前の権利に近かった。

友人の女性は外交官である夫の転勤に帯同して日本に引っ越した。経済的には何の不自由もなかったのに、「自分で稼いでいないと不安でたまらない」と、領事館で働くための試験を受けて窓口勤務をしていた。自宅の掃除と夕食はお手伝いの人にやってもらって、朝ごはんは夫が作っていた。

「日本のおじさんおばさんに話すと、旦那が要職に就いているんだから、あなたは家庭を支えなさいとやんわり言われるんだけど、私は中国の仕事を辞めて日本に来た時点でだいぶ譲歩したし、一緒に暮らしているだけで十分夫を支えている」と笑っていた。2010年ごろの話だ。

日本は「男性が外で働き、女性が家庭を守る」分業制が長らく当たり前だったから、その状態を変えようとすると「男性の育休取得率」など、制度が論点になるが、中国は最初から共働きなので、子育てと仕事の両立を支える優しさが社会全体に張りめぐらされていると感じることが多かった。

中国の小学生は通常1人で下校せず、保護者が迎えに来る。祖父母や託児所に迎えを頼む人も多いが、夫婦のどちらかが職場を抜けて子どもをピックアップして、また職場に戻り、仕事が終わるまで子どもを近くに座らせ、宿題をさせるのも普通だった。

大学の教員をしていたとき、小学校が午前中で終わると、ソウを勤務先の教職員食堂に連れて行き一緒にご飯を食べていた。教職員食堂なので子どもの利用なんて想定していないが、食堂のスタッフは自己判断で「じゃあ子どもは10元」と言って、お金を徴収していた。

「仕事は大事だが、子どもはもっと大事」がブレない国

学校の運動会で手のこんだお弁当を持ってくる子はいない。

パンを持ってきたり、近くの食堂に食べに行ったりする。学校の近くに住んでいるおばあちゃんがカップラーメンにお湯を入れて小走りに持ってくるなんてこともあった。「それ、どうよ」とは思うが、こっちの気持ちは随分楽になった。そもそも運動会の日程が前日に通知されたりするので、日本のように朝5時に起きてお弁当作り、なんてできなかった。

中国のいい加減さは仕事をしていると本当に腹立つし、中国人だって腹を立てていたが、子育てではプラスばかりだった。

ソウが通っていた小学校では、夜になって「明日は職員研修のため、学校は休み」と連絡が来ることがたまにあった。当初は連絡を受けて慌てふためいたりもしたが、そのうち動じなくなった。普段、放課後にソウを預けている託児所に電話して事情を話せば、そこの先生が朝から自宅で預かってくれた。だいたい託児所とか習いごとは、通った回数だけの日払い&後払いで、休むときも直前の連絡でよかった。

もし預け先が見つからなくても、自分が学校や仕事を休んで家で見ればいい。みんなそうしているので、いやみなんか言われない。ソウが通っていた学前班が感染症で学級閉鎖になり、先生に欠席連絡をしたら、「連れておいで」と言われた。申し訳なさを抱きながらソウを教室に連れて行ったら、50代の女性教師が「うちの孫は3歳で」と話を始め、休み時間に職員室に戻り、孫の写真集を持ってきた。

休み時間がとっくに終わっているのに、「これが一番自然な写真だ」「鼻が娘婿に似てしまい気に食わない」と先生の孫自慢は続く。学級閉鎖は1日限りで解除されたので、翌日1人で授業に行ったら、別の先生から「アイヤ！　なんで子どもを連れてこなかったの。昨日、××先生から聞いて、楽しみにしていたのに」と残念がられた。

日本で働いていたとき、息子が病気になるたびに絶望的な気持ちで右往左往していた私は、このゆるさが本当にありがたくて涙が出た。

仕事は大事だが、子どもはもっと大事。そして、子どもの学校は突然休みになったり、予定が変わる。近くに祖父母がいない場合は、親が見るしかない。どっちも働いているんだから、皆で融通して子どもを見るしかない。すべて当たり前で、お互い様だから「ごめんなさい」という感覚はない。「ありがとう」で十分だった。

当時、中国には日本のような手厚い育児休業制度はなく、半年の産休があるのみだった。大学で働いていたとき、2月に出産した同僚がその年の4月に職場復帰した。ただし、働くのは午前中の2時間だけ。その後は教職員食堂で昼ごはんを食べて、さらに持参したタッパーにおかずを詰めこんで帰宅する。誰も何も言わなかった。

小さな子どもは、自分の思い通りには動いてくれない。

日本の待機児童問題や、男性の育児休業取得目標のニュースを見るたびに、子育てという不条理を制度でカバーするには限界があるのではないかと感じる。

中国のルーズさと属人主義は、この国とビジネスをする相手を大いに悩ませるが、細かい決まりがないからこそ各自が融通を利かせ合い、臨機応変に対応し、働く親の負担を吸収することもできる。

街でも中国の人たちは子どもに本当に優しい。バスに乗っていたとき、知らないおばあちゃんがソウを手招きし、お尻をずらして椅子に座らせてくれた。1人用の椅子に半けつで席を分け合うその姿は、祖母と孫のようだが、実際には見知らぬ中国人女性と日本人の子どもだった。

日本の働く母親は謝ってばかりだ。謝っているうちに、自分の選択に自信が持てなくなり、何かを断念する人も少なくない。最近は日本も女性活用ブームだし、異次元の少子化対策なんてのも打ち出された。

子どもを持つ女性が働けるような制度づくりは、私がソウを産んだときに比べれば随分進んだけど、社会全体の温かい視線と、柔軟な対応に勝るものはないなと、2つの国で子育てした自分の経験から思う。

副業は当たり前。
正義の白タクの正体は大企業の営業部長

中国に移住した1年目から、日本に一時帰国するときに中国人から買い物を頼まれた。紙おむつ、明治の粉ミルク、資生堂の化粧水、キヤノンのデジカメ、シチズンの腕時計、電動ひげそり、ファンケルのサプリメント、体臭予防スプレー、YAMAN《ヤーマン》の美容家電。買い物にとどまらず、カシオの腕時計のベルト交換やサンヨーのビデオカメラの修理を引き受けたこともある。中国での生活が長くなるにつれ、頼まれる商品が高額化し、細分化した。消費力の向上をビシバシ感じた。

「雇われる＝搾取される」という価値観

ボランティアでバイヤーのようなことをしている私に対し、多くの中国人は「なんでそれをビジネスにしないの？」と不思議顔だった。

日本も最近は副業を認める企業が増え、サイドビジネスが身近になりつつあるが、中国はずっと前から「儲けるチャンスがあるなら乗っかる」国民性が確立されている。彼らにとって、「日本人の友達」は商機にほかならない。「お前は日本人だから安い仕入れ先知っているだろう、自分がネットショップを出すから、仕入れをやってくれ」と個人輸入の共同ビジネスを持ちかけられたことは一度や二度ではない。というか、今も引き合いは途切れない。

大学の先生に「日本ツアーを主催したいので、観光ルートを考えてくれ」と頼まれ、失業中の若い女性には「服飾製造の下請けをしたい。日本のメーカーを紹介できないか」と聞かれた。大学のクラブ活動で武術を習っていたときは、少林寺の先生に「武術体験の中国旅行を企画するから、あなたは顧客開拓をやってくれ」と勝手にビジネスパートナーに任命された。

ほとんどの場合、彼らのビジネスプランは思いつきだ。思いつきのわりには自分のビジネスが成功すると確信しているから、「ビジネスにリスクはつきもの」という感覚も薄い。大学生に卒業後の希望進路を聞いたら、半分ほどが「数年働いたら起業したい」と答える。20代の文系学生の考える「起業」はだいたい喫茶店の経営といった「店主」なのだが、とにかく「雇われるのは搾取されるようなもの」という価値観は徹底していた。

彼らから見たら、日本で十数年働き、それなりの信用とそこそこの語学能力を備えながら、無償バイヤーをしている私は商才のない愚か者である。

ソウが9歳のとき、6月の3連休に2人で遊びに出かけた。暇と体力を持て余していたソウを、遊具がたくさんある公園に連れて行こうとバス停に行った。しかしさすがの連休である。始発から2、3駅のバス停で待っているのに、やってくるバスはどれもぎゅうぎゅう詰めで、ドアすら開かずに通り過ぎていく。タクシーも捕まらない。満員のバスが10台近く目の前を通り過ぎ、諦めかけたところに、いつの間にか近くにいた見知らぬおじさんに「○○まで行くなら俺の車に乗らないか。2人で15元でいいよ」と声をかけられた。日本だったら不審者以外の何者でもない。「知らない人は危ない」と繰り返し聞かされているソウも、身を固くして「やめたほうがいいよ」と私に言う。

躊躇していると私の周囲に立っている人たちが、おじさんの声かけに反応して「4人だけどいいか」などと、交渉を始めた。おじさんは「もう席がない。この親子だけで手一杯」と私たちを指差した。2人で15元というのは、バス代とほとんど変わらない。他の人たちも交渉しているし、このままだと席を取られてしまう。意を決して、おじさんについていくことにした。

おじさんは私とソウを白い車に案内し、後部座席に乗せると、「あと3人来るからもう少し待って」と、運転席に乗りこんだ。白タクは何度か乗ったことがある。しかし、このおじさんは駅で見かける白タク軍団の運転手とは雰囲気が違う。Yシャツにスラックスで、どう見てもサラリーマンだ。

おじさんはバックミラー越しに後部座席を見ながら、「あなたたち、よく○○に行くの？」と尋ねてくる。「週末はときどき」と答えたら、「私はこの辺の会社に勤めていて、家が○○にあるの。この車を最近買ってやっと自動車通勤になったんだ」と教えてくれた。

そして、「平日は17時ごろここでしばらく待機しているから、今日みたいに送ってほしいときは電話して」と名刺をくれた。それはおじさんの勤務先の名刺で、肩書には「営業部長」とあった。

なんとおじさんは通勤ついでに白タク稼業をやっていたのだ。スマホのプラットフォームのおかげでライドシェアというサービスは今でこそ日本でも知られるようになったが、2013年時点で、「きちっとした身なりのサラリーマンが自分の車に人を同乗させてお金を稼ぐ」なんてスキームは、日本人の私には想定外すぎた。しばらくすると、若い女性がやってきて助手席に乗りこんだ。数分後、今度は化粧の濃い女性2人がドアを開けて後部座席に座った。5人乗りの車に運転手のおじさんを入れて6人。ぎゅうぎゅうだけど、知らない人の車に乗るなら仲間が多いほうが安心だ。

車はさすがに速かった。バスだと1時間半かかるところを1時間。しかも目的地の入り口につけてくれた。おじさんは途中、「人乗せすぎ」と文句を言う女性に、「だってこの人、小さな子ども抱えてるじゃん。三連休中でバスもつかまらないだろうしさ」と私の事情を説明し、理解を求めた。まさかの正義の白タクだ。

女性たちは降りぎわにおじさんに10元渡した。私とソウが2人で15元ってことは、子どもを半額にしてくれたのだとそのときわかった。タクシーだと100元が相場なのに良心的。あのとき私たちに声をかけたのは、純粋な親切心だったんだ。

車を降りて、ソウと「思ったより全然いい人だったね」と話していたそのとき、私は大失態に気づいた。おじさんを警戒して何かあったら助けを求めようと膝の上に置いていた携帯電話を、そのまま車の中に忘れてしまったのだ。

「最悪だ、よりによって一期一会の白タクに」と一瞬絶望したが、おじさんから名刺をもらったことを思い出した。待ち合わせをしていた韓国人の友人にiPhoneを借り、名刺の電話番号にかけた。すぐ出たおじさんは「あんた、携帯忘れたやろ！」と一言。あー、あっちも気づいてくれてたのか。

すでに帰宅していたおじさんは、携帯を返しに私たちを降ろした場所に戻ってきてくれた。

「おじさんが商売っ気出して、名刺くれてよかったねー。命綱だったね」

「というか、名刺持っているようなまともな人が、白タクするってどうよ」

「いやいや。とにかく名刺さまさまだ。これから贔屓《ひいき》にしよう」

最初は警戒せずにはいられなかったが、おじさんは正義の白タクだった

私とソウと韓国人はハイタッチして喜びを分かち合い、ソウは次に会ったときにわかるよう、おじさんの車のナンバーを、名刺の裏に控えた。
名刺の裏には会社名や名前の英語表記があり、後で調べるとそれなりの大企業だった。
私は一応自営業の端くれだが、中国に行ってなかったら会社員以外の人生は考えられなかった。あのおじさんには目的地に運んでもらっただけでなく、会社員と自営業は気楽にスイッチしていいんだとも教えてもらった。名刺のデータは今も大事にとってある。

コラム❷

一人っ子政策のいま——人口でインドに抜かれた中国、日本との共通点

中国の一人っ子政策は日本でもよく知られている。1970年代に導入され、2016年に撤廃されるまで約40年続いた。実態はより複雑で、少数民族、農村出身、あるいは国際結婚など事情によっては2人目の子どもを許されることもあるので、少数民族向けの大学の教員をしていたときは、きょうだいのいる学生もよく見かけた。日本で語られる「中国」の姿は、最大公約数であることが多いのだ。

振り回されたアラフォー世代

一人っ子政策が導入された当初は運用がゆるく、1980年代になって厳しくなったと言われる。再びゆるんだのは2013年だ。将来的な労働力不足が心配されるようになり、夫婦双方または一方が一人っ子である場合、第二子をもうけてもよくなった。大学院で一緒だった30代の中国人夫婦はこのときに2人目を妊娠したが、おなかにいるのが双子と分かり産むのを諦めた。

中絶したとの報告を、「職場や政府にいろんな書類を出してやっと許可をもらったのに」と信じられない思いで聞いたが、一人っ子が当たり前の社会で育ってきた彼らにとって、2人の子を持つことも未知の世界なのに、3人、しかも双子という

のは、その後のライフプランがまったく想像できなかったらしい。周囲にも産むべきでないと言われたそうだ。

それから数年して一人っ子政策は完全に終わりを告げた。政府が発表したとき、アラフォーの友人たちの興奮ぶりは大変なもので、私が入っているいろいろなグループチャットでニュース速報がシェアされた。1970年代生まれの人たちは、なんだかんだで、きょうだいがいることが多く、「一人っ子はかわいそう」「可能なら2人以上産みたい」と考えていた。同世代の女友達は久々の妊活に動き出した。単身赴任中の夫のところに週末ごとに通い、子づくりに励む人もいた。

ただ、残念ながらアラフォーは出産の限界年齢も迫っている。バス停に中絶の広告があるような社会で、不妊治療もポピュラーではなかった。願い通り2人目を持てた友人は、それほどいなかった。

1970年代生まれの女性たちが2人目を望んでいたのに対し、1980年代以降に生まれた20~30代の出産適齢期の女性は、一人っ子政策廃止のニュースにそれほど反応しなかった。彼女たちは一人っ子が当たり前の社会で生まれ育っている。きょうだいがいないことを寂しいとは思わないし、「大家族=貧しい」というイメージすらある。

50〜60代であろう政策決定者は、20〜30代女性の気持ちをまったく理解していなかった。中国政府は一人っ子政策を廃止したとき「(2015年に1655万人だった)出生数は2000万人に増える」と試算していた。だが、出生数は右肩下がりを続け、2021年に第3子の出産を容認した後も減少に歯止めがかからなかった。

2022年、中国の出生数は1949年の建国以来初めて1000万人を割り、956万人まで減った。政府試算の半分以下だ。2022年末の人口は前年比85万人減り、中国もついに人口減社会に突入した。ついでにいえば、総人口はインドに抜かれた。人口が多ければいいってものではないが、今の日本を見てもわかるように少子高齢化は人手不足に直結する。

「子どもよりペット」と考える若い女性

中国の変化の速さ、悪い言い方をすれば手のひら返しは政策レベルから庶民の日常生活までいたるところで見られるのだが、国の政策が10年足らずの間に「産むと罰金」から「産めよ増やせよ」に転じたのもその典型的な例だった。

ただ、こればかりは政府がどんなに奨励しても、本人たちがその気にならないと始まらない。

20代の中国人女性と話していると、「子どもは1人も産みたくない」「ペットのほうが楽でお金もかからない」という声をよく聞く。2人目どころか、1人産んでもらうのも大変なのだ。恋人がいても、結婚や出産をせっつかれるのが嫌だから親には隠している、という人も多い。

もちろん経済界はこの状況を非常に憂慮している。中国は人口の多さが成長の源泉だった。若年層が減ると、働き手がいなくなり市場も縮む。

中国最大の飲料メーカーの70代経営者は2023年にテレビ番組で「若者は早く相手を見つけて結婚し、子どもを産んで国家に貢献せよ」と呼びかけた。が、自身の41歳の娘も独身だったため、「まず自分の子どもを結婚させて子を産ませろ」と大炎上した。

中国に住んでいたとき、同世代の既婚女性と話すと、しばしば2人目の話になった。彼女たちは「罰金がもう少し軽くなれば2人目を産みたい」「きっと政府の政策は変わるはず」と期待していた。中国は何か大きな問題が起きて、突然ルールを変えることがめずらしくない。一人っ子政策の廃止もそうだ。ただ、産みたかった1970年代生まれの女性にとっても、政府にとっても政策転換は遅すぎた。

終章

日本脱出で得たもの、失ったもの

中国で目的を見失う――不安と焦りの日々

ソウを連れて中国に飛んだ2010年、4年で博士の学位を取得し、何らかのスキルなり箔なりをつけて再就職する青写真を描いていた。転職限界年齢と言われていた35歳で自ら無職になっといてなんだが、家族を養わないといけないし、40歳までに正社員に復帰しなければと、最初から焦っていた。

ところが当初の計画は早々に崩れ、中国生活は予定より延びて6年に及んだ。その間にソウは帰国してしまい、私は1人、中国で40代を迎えることになった。

実はここまで書いてきたことの大半は、中国生活前半の物語だ。同じくらい濃かった後半のあれこれは収めきれなかったので、私の日本脱出がどういう結末を迎えたのか、簡単に記しておきたい。

大人留学の理想と現実

まず、博士留学は早々に行き詰まった。日本での会社員生活が詰んで、ここじゃないどこかに脱出したいという不純な動機で留学したので、心構えが不十分だった。大学側もたくさん留学生を受け入れて、正直手が回っていなかった。当時、私はブログをやっていて、ポジティブなことばかり書いていたので、後を追って中国の大学院に来た日本人が数人いたが、知っている範囲では全員フェードアウトした。どんなジャンルでも経験者のブログがあふれているけど、書けないこと、書きたくないことのほうに「真実」があるので鵜呑みにしないほうがよい。今さらだけど。

ベトナムや韓国から来た同級生は最初の1、2年で必要な単位を取り終えると、母国に帰って論文を執筆した。私も大学の事務室から「日本に帰って日本企業をテーマに論文を書いたほうがいい」と勧められた。

成長著しい中国ビジネスに精通した人材になるはずだったのに、日本企業を研究して論文書いて学位を取ったとしても、本末転倒じゃないか……。

留学生仲間はどんどん帰国するし、お金もないし、天井を突き破りそうな不安に襲われ、中国生活3年目に現地の人材紹介会社に登録した。運よく、留学先から電車で1時間ほど離れた場所にある大学の日本語教員の職を得た。

留学ビザから就労ビザに切り替え、私は兼業留学生になった。当初、教員は学位を取るまでの〝つなぎ〟の仕事のつもりだったけど、中国の組織で中国人の同僚や学生と過ごすうちに、私は中国における「お客様」扱いを一歩脱して、中から中国社会を見られるようになった。同時に、さまざまな動機で日本語を学ぶ10〜20代の中国人と接し、日本のいいとこ、あまりよくないところも、より客観的に捉えられるようになった。

勤務先のトップは女性で、最初は語学系の学科だからかなと思っていたけど、どの組織でも女性管理職がめずらしくないと知った。日本と関係があった中国人、しかも私より年上の人たちに、「日本に出張に行って企業を訪問すると、部長が男性ばかりなので変な感じがする」とよく言われたが、たしかに中国は、女性活躍とか旗振りをする必要もなく、男女平等に昇進していた。けど、それはあくまで日本から見たらであり、中国人の女性は「まだまだ女性のキャリアは制限されている」と鼻息荒く、勤務先のトップを決める選挙では女性と男性が立候補し、バチバチと火花を散らしていた。

教員の仕事が充実していたことと、博士課程での研究が進まず、かといって区切りをつける勇気がなかったことで、私は4年の予定だった中国滞在を延長した。その間に政府奨学金は打ち切られ、中国語で寝言を言うほど現地の子どもっぽくなっていたソウは11歳で福岡の祖父母宅に戻り、日本の小学校に通うことになった。

　バイリンガルとかグローバル人材という言葉は、とてもポジティブで未来的な響きだけど、海外の現地校に通っていると母語と自国の文化理解は何かしら犠牲になる。自分が経験したことのない教育環境を子どもに与えた結果、選択肢だけでなく悩みも増えることがよくわかった。


　中国に1人残った私は自分の時間が一気に増えて、ちょっとびっくりした。その時間を大学院の研究よりも新しい仕事に向けてしまった。

　リモートワークやクラウドソーシングは、新聞社を辞めた2010年時点ではまったく一般的ではなかった。ファイルのやりとりくらいはメールでできても面接や研修はオフィスに行かなければならなかった。それが中国にいる間に求人から採用、発注、納品までオンラインで完結する業務が少しずつ増え、2014年にはビデオ会議システムを使って国境を越えたリモート面接を経験し、私は時代の変化に深く深く感動した。コロナ禍で日本中がやらないといけなくなった「DX」を7～8年早く経験できたのだ。

　求人サイトをチェックして、受けられそうな仕事にどんどん応募した。中国メディアの記事翻訳、米国メディアの記事翻訳、社会人大学院の入試指導……。日本企業のホームページの中国語翻訳を頼まれたのを機に、大学の教え子たちとチームを結成し、テレビ番組の字幕翻訳、ゲーム翻訳、決算書翻訳、さらには日本人向けの中国語講座なども受注した。

そのうち、ブログのメッセージボックスなどにいろんな相談も入るようになった。中国企業と提携した日本企業から、「(中国企業に)騙されたかもしれない」と相談を受け、月数万円の報酬で「しっぽをつかむための情報収集」もやった。最終的にその日本企業はビジネスパートナーと手を切り、中国事務所を閉鎖した。私は事務所の撤収作業をまかされ、引っ越し屋みたいなことまでやった。

仕事と収入は着実に増え、ソウの中学受験の塾代も出せるようになった。100円のお菓子を我慢していた留学当初では考えられない羽振りの良さ。一方で、学位取得はいよいよ目途が立たなくなっていた。さらっと書いているけど、どういう顔して日本に帰ったもんだか随分思い悩んだ。中国生活が5年半を過ぎたところでようやく踏ん切りがつき、大連を離れると決めたとき、1ミリも予想していなかった大・大・大転機がやってきた。

中国生活最大の収穫？　42歳でスピード婚

2016年春、私と同じくらいの期間、中国に滞在し、間もなく帰国する6歳下の日本人男性と知り合った。彼は春休みに中国に遊びに来たソウとも仲良くなり、ゴールデンウィークに私にプロポーズした。

いや、唐突ですよね。自分にとっても唐突、想定外でした。中国で暮らした6年間、仕事やキャリアのことは脳がちぎれそうなほど考えていたけど、結婚はまったく頭になく、ソウも多感な年齢だし、このままずっと独身だろうなと思っていた。

正直、当初の目的も果たせず、現実から逃げるために結婚したと思われたらやだなとか、この期に及んでもうじうじしていたが、中国人の女友達に「伴侶を得られたなら、それが中国に来た最大の収穫よ」と祝福され、人生の進路を変えるために日本を脱出したんだから、思ってたのとだいぶ違う方向ではあるけど、確かに進路を変えられたと自分を納得させた。

結婚しなくても人生は充実していたし、ずっと独身でも悔いはなかっただろうけど、中国に行かなければ夫と出会うことはなかった。周囲に結婚を報告したときは「結婚詐欺じゃないの？」と心配されたり「逆転サヨナラホームラン」と変な賞賛をされた。

あまりの展開の速さに、親でさえ「すぐ離婚したら恥ずかしいから、3年は誰にも言わない」と話していたけれど、今のところは夫とソウと3人、円満にやれている。

結婚したいけど、なかなか出会いがないという人は、居心地のいい今の生活圏を、勇気をもって飛び出すことをお勧めします。出会いのバリエーションが増えるし、停滞を打破したいならまず自分が変わるべきだから。

42歳、「自分探し」の人

私は彼と日本に帰国し、持ち家のある福岡でなく、東京に住んだ。夫と出会わなくてもそうするつもりだった。オンライン経由の仕事の発注者のほとんどが東京の会社であることに気づいていたからだ。気づけばフルリモートで月の収入が20万円を超えていたけど、どの仕事も担当者の顔を見たことがなく、声も聞いたことがない。受けている仕事が発注先においてどんな位置づけなのか？　私の評価は？　発注者の考えが見えない働き方は気持ちが悪かったし、顔が見える関係になれば、もっとよい仕事につながるかもという目算もあった。

リモートの翻訳仕事を継続しつつ、いくつか資格を取得し、転職エージェントに登録して仕事を探し始めたが、日本で新聞記者を10年以上やって、中国で留学生になって、日本語教師になって今42歳です、というキャリアは、エージェント側もどう扱えばいいのか、わからなかったようだ。

中国での6年間は「ブランク」、何なら「自分探し」とみなされた。

結局、企業のホームページで募集が出ている求人に直接応募する、を何度かやって、初めて面接の案内が来た会社で働くことになった。もっとも、「正社員でなく業務委託なら面接をします」と最初に言われ、3カ月の業務委託としての採用だったが。

ウェブメディアの英語記事の翻訳チェック、という職種で日本の会社に復帰した。その後、数カ月して記者に配置転換され、だんだんと他社からも仕事の声がかかるようになって、今にいたる。

結局中国に行く前と近い仕事に戻ったわけだが、放流されたサケの稚魚が、広い海でゆっくりと成長し、栄養を蓄えて川に帰ってきたような気持ちでいる。

おわりに

ブランクがリスキリングになった日

この本が出る頃、私は50歳になっている。就職氷河期ではあったけど、大学の同級生男子たちの多くは大手企業の部長や役員に昇進し、あるいは関連会社に出向する年齢になった。集まれば早期退職の話もちらほら出る。「うちは家のローンもあるし、子どもがまだ金かかるし。早苗ちゃんは好きなことをして、生活ができていいいね」と羨ましがられることもある。

いやいや、私は15年前、日本企業の仕組みからいち早くはじき出されたんですよ、と心の中でつぶやく。

あの頃の日本企業、少なくとも私がいた業界は、リモートワークや副業はおろか、「働き方改革」「女性活躍」「ワークライフバランス」「多様性（ダイバーシティ）」、この辺は影も形もなかった。いや、女性枠という言葉はあったかな。有休休暇や時短制度は遠慮しながら、時には冷たい視線を受けながら申し訳なさそうな顔をして使うものだった。

ソウの保育園は平日に親子遠足があった。仕事を抜けられないからその日はソウを別の1日預かりの保育所に騙すように預け、出社した。今も心が痛む後悔の1つだ。かつての上司や先輩がこれを読んだら、「休んでよかったのに」と言うかもしれないけど、結局その辺は上司とか職場の雰囲気次第だった。

会社が斜陽産業に属していなかったら、キャリアとか昇進をあきらめて、安定のために働き続けていたかもしれないけど、どちらにしろ、居場所がないと思ったから、日本を出たわけだ。


今は女性だけでなく、男性の働き方もずいぶん柔軟になった。夫はコロナ禍が過ぎた2024年も、週の半分は在宅勤務を続けている。「自分が取らないと、部下が取りづらくなるから」と、年休もどんどん使う。

人手不足でこの15年の間に超絶売り手市場になったし、私の出産が10年遅ければ、日本で転職先を探しても夜勤や宿直がなく土日に休める正社員の仕事がすぐに見つかっただろう。フリーランスとしてフルリモートで働けたかもしれない。

けど、進みやすい道がなかったからこそ、道なき道を進む覚悟ができたとも思う。ソウを巻きこんで中国に出たから、自信がないとか、経験がないとか言ってられなかった。単身で海外に出ていたら、あるいは頼るべき日本の組織があったら、これほど中国の友人をつくり、社会のルールを覚える必要はなかった。

複数のスキルを組み合わせて仕事をしているので、「どういう逆算をしてキャリアをつくったのですか」と聞かれることがある。

たしかに計算はしましたよ。4年で学位を取って、40歳になるまでに再就職して、家のローンと奨学金を返して、ソウの学費を用意して……すんごい現実的な人生設計だけど。でも逆算して動いても、計画通りには進まなかった。世の中が絶えず変わっていくから、前提とか想定はどんどん崩れていく。

だけど、それは悪いことじゃない。

日本に2016年に戻って来たとき、統一感のないパッチワークのようだった中国での6年間は、人からキャリアの「ブランク」とまとめられることが多かった。

それが後からポートフォリオワーカー、複業と名前がつけられ、新しい働き方として市民権を得ていった。そしてついに、いい年して迷走してるとか、子どもがいるのにわがまだとか、「理解できない」と言われることも多かった私の探索は、「リスキリング」と再定義され政府が推進する立派な活動になった。時代の変化って、そういうことだ。

行動した人だけの特権

今の世の中には情報があふれている。スマホで検索したらノウハウや最短ルートの情報が簡単に手に入るし、動画は倍速で見て効率的に内容を把握するのが、できるビジネスパーソンの作法らしい。

でも、指先で完璧に情報収集して、綿密にプランニングしても、外に一歩踏み出したら思い通りにいかないことだらけとわかる。そこから先こそが、行動した人だけの特権だと思う。

タイパ社会では、最短ルートへの整備されたレールを外れることは非効率極まりなく見えるのかもしれない。

でも、道を外れて、情報がなくなって、一生懸命歩き回っていたらそこが道になる。検索で出てこない素晴らしい場所にたどり着けたら、それは自分に属する資産になる。

数十年前、インターネットがなく、国際電話料金もバカみたいに高い時代にアメリカに渡った研究者が、こう言って私を鼓舞した。

「日本人は金魚鉢の金魚みたいだ。金魚鉢が世界のすべてで、出たら死んでしまうと思っている。その外には広い海が広がっているのに」


その通りだった。

その研究者は、地元紙に載っていた「(福岡の)能古島に猪出現」というニュースを見て、「最初に海を泳いで島に渡った猪はすごいね」とやたらと感心した。

侵入者に頭を悩ます人間ではなく、生存領域を広げるために海を渡ろうと試みる猪の視点で物事を捉えるその人に、この世の全ては球体のようになっていて、どこに立つかで見え方が違うのだと学んだ。


レールを外れるとか、退路を断つとかいうけど、レールも退路も、あなたの所属する社会におけるメインロードにすぎない。組織が変われば、文化が変われば、時代が変われば、王道も正しさも変わる。昨日正しかったことが、明日は不適切なことになる、そんな事例を私たちは腐るほど知っている。

道は無数にある。歩きたい道を歩けばいいし、新しい道をつくったっていい。不格好でガタガタの悪路でも、自分の道を歩くのは格別だ。どこにつながっているのかわからなくても、きっとその先には愛おしい世界が広がっている。

浦上　早苗

浦 上 早 苗

（うらがみさなえ）

１９７４年、福岡市生まれ。経済ジャーナリスト。早稲田大学政治経済学部卒業後、１９９８年から西日本新聞社記者。２０１０年に中国・大連の大学に７歳の息子を連れて国費博士留学（企業管理学）。少数民族向けの大学での講師を経て現職。法政大学イノベーション・マネジメント研究科（MBA）で教鞭を取りながら、外資系企業の日本進出支援も手掛ける。通訳案内士。著書に『新型コロナＶＳ中国１４億人』（小学館新書）がある。

X　sanadi37

崖《がけ》っぷち母《はは》子《こ》、仕事《しごと》と子育《こそだ》てに詰《つ》んで中国《ちゅうごく》へ飛《と》ぶ

２０２４年１０月３０日　第一刷発行

著　者　　浦上早苗《うらがみ さなえ》
発行者　　佐藤　靖
発行所　　大和《だいわ》書房
東京都文京区関口 1-33-4
電話 03-3203-4511

装丁・本文デザイン　高瀬はるか
装画・章扉イラスト　おさつ
本文カットイラスト　モドロカ
編　集　藤沢陽子（大和書房）
DTP　マーリンクレイン
本文印刷　中央精版印刷
カバー印刷　歩プロセス
製　本　ナショナル製本

ISBN 978-4-479- 39439-6

http://www.daiwashobo.co.jp